ARBEITSBUCH

VORSPRUNG

ARBEITSBUCH
VORSPRUNG

Updated Edition

An Introduction to the German Language and Culture for Communication

Lovik / Guy / Chavez

Workbook

Elizabeth Glew

■

Laboratory Manual

Barbara B. Lasoff

■

Video Workbook

Cynthia Hall Kouré

■

■ **Houghton Mifflin Company** ■

Boston   New York

Director, World Languages: Beth Kramer
Sponsoring Editor: Randy Welch
Development Editor: Angela Schoenherr
Project Editor: Harriet C. Dishman
Senior Manufacturing Coordinator: Jane Spelman
Marketing Manager: Annamarie Rice

All illustrations by Tim Jones

Printed in the U.S.A.
ISBN: 0-618-14251-7

2 3 4 5 6 7 8 9 VG 06 05 04 03 02

Contents

To the Student

The **Arbeitsbuch** for *Vorsprung* is a three-part volume combining the Workbook, Laboratory Manual, and Video Workbook for the program. They have been bound together for convenience. Each of the three parts is coordinated with the *Vorsprung* textbook. The pages have been perforated so they can be handed in to the instructor for correction.

The Workbook provides additional practice on structures, vocabulary, reading comprehension, and writing skills, all designed to expand upon the work in the Student Text. All activities are designed so they can be done on your own.

The Laboratory Manual is designed to be used in conjunction with the audio program. The activities focus on developing aural comprehension of spoken German. The audio texts reflect the themes, structures, and vocabulary encountered in the Student Text. The audio program complements the twelve chapters of *Vorsprung*. Each chapter of the audio program includes the **Anlauftext,** the **Absprungtext** (when appropriate), and the **Zieltext** from the textbook chapter, as well as **Weitere Hörtexte und Übungen.** The **Hörtexte** include excerpts from a radio show (**Radio Vorsprung**), a fashion-show commentary, a weather report, interviews, a mystery story, a developing novel, and other original audio texts. The audio program is available for student purchase on audio CDs and cassettes, and can be listened to at home, in a car, or at school.

The Video Workbook is the final component of the *Arbeitsbuch*. It is coordinated with the *Unterwegs!* video. Custom-shot on location in Tübingen, Germany, the *Unterwegs!* video features a lively story line with characters that complement — but do not duplicate — the characters in the textbook. The video includes twelve five- to seven-minute episodes that are thematically linked to the *Vorsprung* textbook and focus on the communicative functions and vocabulary taught in the chapters. The Video Workbook activities found in this **Arbeitsbuch** guide students through their viewing of the video and assist them with comprehension of the language and structures encountered in the video.

All three parts of the **Arbeitsbuch** will help you as you learn the German language and as you prepare to communicate with those who speak it. You will find it an invaluable complement to the *Vorsprung* text.

The authors of the *Vorsprung* Student Text would like to thank all three authors of the *Vorsprung* **Arbeitsbuch** — Elizabeth Glew, Barbara Lasoff, and Cynthia Hall Kouré — for the creativity of their efforts. They would in addition like to thank Joan Schoellner for her special contributions to the Laboratory Manual. Thanks are also due to Harriet C. Dishman and her associates at Elm Street Publications for skillful project management, and to Jan Ewing and his associates at Ewing Systems Publishing and Design Services for a highly creative design and conscientious composition.

·WORKBOOK·

· KAPITEL · EINS ·

Fangen Sie bitte an.

A. Untertitel. *(Subtitles.)* Write an appropriate caption from the following list under each scene from **Annas Albtraum.**

Anna, Anna, wach auf!
Entschuldigung. Bin ich hier richtig?
Setzen Sie sich! Aber schnell!

Anna findet Hörsaal 20.
Die Tür knallt zu. Alle drehen sich um.

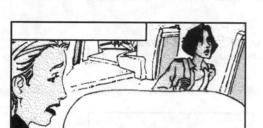

1. *Entschuldigung. Bin ich hier richtig?*

2. *Die Tür knallt zu. Alle drehen sich um*

3. *Anna, Anna, wach auf!*

4. *Setzen Sie sich! Aber schnell!*

5. *Anna findet Hörsaal 20*

B. Fragen und Antworten. (*Questions and answers.*) Write the correct answers to these questions in German. Use short phrases or single words.

1. Wie ist die Universität in Annas Albtraum? _Deutscheland_
2. Wo ist die Universität in Annas Albtraum? _Groß, grau, impersonlich_
3. Was sucht Anna? _Hörsaal 20_
4. Was sagt die Studentin? _Nicht_
5. Was sagt der Professor? _Setzen sie sich._
6. Was fragt der Professor? _Wie heißen Sie?_

ANLAUFTEXT II
Annas Traum

C. Untertitel. (*Subtitles.*) Write an appropriate caption from the following list under each scene from **Annas Traum.**

Anna versteht nicht.
Da ist die Universität in Tübingen.
Anna öffnet die Tür und geht hinein.

Anna sucht den Hörsaal.
Der Professor begrüßt Anna.

1. _Anna versteht nicht_

2. _Anna sucht den Hörsaal._

3. _Der Professor begrüßt Anna._

4. _Anna öffnet de tur und geht hinein._

5. _Da ist Universitat in Tubingen_

D. Grüezi! *(Hi!)* Select the most likely greeting for each situation.

Grüezi!	Grüß Gott!	Gute Nacht!
Guten Tag!	Guten Abend!	Guten Morgen!
Tschüss!	Mahlzeit!	Servus!

1. German school teacher to school principal as they arrive at work.
   Guten Morgen!

2. Two acquaintances from Zürich when they happen to meet at a bus stop.
   Grüezi!

3. Two Austrian teenagers arriving at a party. _Grüß Gott!_

4. One German neighbor to another as they return from taking their dogs out for
   one last chance before bed. _Gute Nacht!_

5. A Bavarian woman meeting a member of her gardening club at the butcher
   shop. _Servus!_

E. Sie, ihr oder du? Which form of *you* would you use with the following people? Check the appropriate form of address.

	du	ihr	Sie
1. your younger sisters		✓	
2. your roommate	✓		
3. a police officer			✓
4. your dog	✓		
5. the Chancellor of Germany			✓
6. two good friends		✓	

F. Die Überweisung. *(Money transfer.)* It's time to transfer money to pay bills. Write in the missing amounts in German above **Betrag in Buchstaben**. Note that German speakers use a comma to indicate decimal places and a period to set off thousands: DM or € (Euro) 1.000,50 = one thousand marks/euros and fifty pfennigs/cents.

(Annahmevermerk)

Empfänger: Name, Vorname/Firma (max. 27 Stellen)

Konto-Nr. des Empfängers   Bankleitzahl

bei (Kreditinstitut)

→ Bitte immer ausfüllen!   DM od. EUR*   Betrag

EUR   26,95

Verwendungszweck - z.B. Kunden-Referenznummer, ggf. Name und Anschrift des Auftraggebers/Einzahlers - (nur für Empfänger)

noch Verwendungszweck (insgesamt max. 2 Zeilen à 27 Stellen)

Auftraggeber/Einzahler: Name, Ort (max. 27 Stellen, keine Straßen- oder Postfachangaben)

68

WICHTIGER HINWEIS! Bitte nur für Einzahlungen am Postschalter verwenden. Bankleitzahlen siehe Rückseite der Durchschrift.

923 900 000 12.98

Schreibmaschine: normale Schreibweise ! Handschrift: Blockschrift in GROSSBUCHSTABEN und dabei Kästchen beachten!

Bitte dieses Feld nicht beschriften und nicht bestempeln

---

1. DM 12,25   _zwölf Mark fünfundzwanzig_
     Betrag in Buchstaben

2. € (Euro) 311,79   dreihundertelf Mark neunundsiebzig
     Betrag in Buchstaben

3. DM 579,61   fünfhundertneunundsiebzig Mark einundsechz...
     Betrag in Buchstaben

4. € (Euro) 1.094,00   eintausendvierundzwanzig Mark
     Betrag in Buchstaben

5. DM 138,98   einhundertachtunddreißig Mark achtundneun...
     Betrag in Buchstaben

G. Beschreibungen. (_Descriptions._) Describe the following people in two or three German sentences. Use pronouns and some of the words listed here.

■ your mother   _Sie ist 48 Jahre alt. Sie hat braune Augen und kurzes, graues Haar._
     Sie heißt Julie.

alt • attraktiv • groß • jung • klein •
hübsch • mollig • schlank • unattraktiv

1. your mother   Sie ist 41 Jahre alt. Sie hat braune Augen
und langes, welliges, braunes Haar. Sie heißt Rajindei.

2. Santa Claus   Er hat langes, graues Haar. Er ist
mollig und alt

3. your boyfriend/girlfriend *Er hat braune Augen und Kurzes, schwarzes Haar. Er ist hübsch.*

4. Barbie and Ken **Sie** *haben* *blaue Augen und blondes Haar. Ihr seid jung und hübsch.*

5. Oprah Winfrey *Sie hat braune Augen und kurzes schwarzes Haar. Sie ist mollig und alt.*

6. the President of the U.S.A. *Er hat kurzes, graues Haar. Er ist alt und unattraktiv.*

7. the seven dwarves **Sie** *haben graues Haar.* **Sie** **sind** *klein und alt.*

H. Fragen und Antworten. (*Questions and answers.*) Match each question with an appropriate answer and circle the subjects in both the question and the answer.

1. Wie heißen Sie?
2. Was ist historisch und schön?
3. Woher kommen Sie?
4. Wo wohnen Sie?
5. Wer geht zur Uni in Tübingen?
6. Wie ist die Uni in Tübingen?

a. Sie ist sehr groß.
b. Ich wohne in Tübingen.
c. Ich heiße Anna.
d. Ich gehe zur Uni in Tübingen.
e. Die Uni in Tübingen.
f. Ich komme aus Fort Wayne.

I. Interview. (*Interview.*) You recently interviewed a German student about his/her university for your German Club newspaper. It was a great interview, but now you are having trouble with your word processor: All the questions are at least partially lost! Reconstruct the questions so your article can be printed.

■ *Ist die Universität groß?* Ja, sie ist groß.

1. Wie _heißt_ du?

Ich heiße Jörg Schröder.

2. _Wie alt sind sie?_ ?

Ich bin 24 Jahre alt.

3. _Woher_ kommst du?

Ich komme aus Dortmund.

4. _Wie heißt_ deine (*your*) Universität?

Sie heißt Universität Bochum.

5. _Wo ist sie_ ?

Sie ist in Bochum.

6. _Wie sehen Sie aus?_____ ?

Sie ist alt und groß.

7. _Ist die Universität_ grau und unpersönlich?

Nein, sie ist historisch und schön.

8. _Sind sehr die Student freundlich?_____ ?

Ja, die Studenten sind sehr freundlich.

J. Der Deutschkurs. (German class.) You are having trouble with your word processor. This time it has omitted all the definite articles from your description of a class. Put them back in and circle the subject of each sentence. Remember, subjects are in the nominative case.

(1) _Das_ Zimmer ist nicht groß. 25 Stühle sind in dem Zimmer.

(2) _Die_ Stühle sind braun. (3) _Die_ Tür ist auch braun.

(4) _Die_ Tafel ist schwarz. (5) _Der_ Tisch ist alt und unattraktiv.

(6) _Das_ Fenster ist groß. (7) _Die_ Wände sind gelb und braun – nicht sehr schön. (8) _Der_ Fernseher ist neu. (9) _Der_ Overheadprojektor ist alt. (10) _Die_ Professorin heißt Müller. Sie ist freundlich. (11) _Die_ Studenten sind auch freundlich.

K. Obstsalat. (Fruit salad.) Correct the mix-ups.

■ Ist das eine Orange? – Ist die Banane blau?
 Nein, das ist keine Orange. Das ist eine Banane. – Nein, sie ist gelb.

1. Sind das Blaubeeren? – Ist der Apfel lila? _Nein, das sind keine Blaubeeren. Das ist ein Apfel. – Nein, er ist rot._

2. Sind das Erdbeeren°? – Ist die Kiwi schwarz? _Nein, das sind keine Erdbeeren. Das ist eine Kiwi. – Nein, sie ist braun._

° strawberries

3. Ist das eine Wassermelone? – Ist die Orange braun? *Nein, das ist keine Wassermelone. Das ist eine Orange. – Nein sie ist orange.*

4. Ist das eine Banane? – Sind die Blaubeeren beige? *Nein, das ist keine Banane. Das sind Blaubeeren. – Nein sie sind blaue.*

L. Aus aller Welt. (*From all over the world.*) Your friend Klaus-Peter is really confused about the people he met at a reception for international students. Use German to help him out.

■ Marie-Claire kommt aus Lyon. Ist sie Engländerin?
Nein, sie ist keine Engländerin. Sie ist Französin.

ihr = you guys
sie = they

1. Bernd kommt aus Zürich. Ist er Kanadier?
Nein, er ist keine Kanadier, Er ist Deutscher.

2. Akiko und Midori kommen aus Tokio. Sind sie Schweizerinnen?
Nein, sie sind keine Schweizerinnen. Ihr seid Japan

3. Christl kommt aus Salzburg. Ist sie Amerikanerin?
Nein, sie ist keine Amerikanerin Sie ist Österreicher

4. Carmen kommt aus Tijuana. Ist sie Japanerin?
Nein, sie ist keine Japanerin. Sie ist Mexikanerin

5. Peter und James kommen aus London. Sind sie Mexikaner?
Nein, ihr seid keine Mexikaner. Ihr seid Engländer

6. Hans-Jürgen kommt aus Frankfurt. Ist er Österreicher?
Nein, er ist kein Österreicher. Er ist Deutscher.

7. Jennifer kommt aus Toronto. Ist sie Japanerin?
Nein, sie ist kein Japanerin. Sie ist Kanadierin

8. Mark kommt aus Frankenmuth/Michigan. Ist er Deutscher?
Nein, er ist kein Deutscher. Er ist Amerikaner.

M. Subjekte. (*Subjects.*) Complete the conversations by supplying the missing German subjects.

ANNA: Entschuldigung, bin (1) _ich_ hier richtig?

PROFESSOR FREUND: Ja, (2) _Sie_ sind hier richtig, Frau Adler.

FREMDENFÜHRER°: Hier ist die Universität. (3) _Sie_ ist romantisch   *tour guide*
und historisch. Da ist ein Hörsaal. (4) _Er_ ist
groß und unpersönlich. Hier ist die Tafel. (5) _Sie_
ist schwarz und alt. Und hier ist ein Overheadprojektor.
(6) _Er_ ist nicht alt. Das ist der Professor.
(7) _Er_ heißt Professor Freund.

TOURIST:	Ist das ein Student? (8) ____ ist sehr groß und freundlich!	
TOURISTIN:	Die Studentin ist jung, aber (9) ____ ist schön.	

N. Kreuzworträtsel. ***(Crossword puzzle.)***

Waagerecht →

1. Die amerikanische Fahne ist rot, weiß und ____.
2. Nicht jung.
3. Gustav kommt aus Basel. Er ist ____.
4. Die deutsche Fahne ist ____, rot und gold.
5. Elf minus sechs macht ____.
6. Tina kommt aus Frankfurt. Sie ist ____.
7. Gerhard Schröder ____ Deutscher.
8. Martina kommt aus England. Sie ist ____.
9. Roman ____ war° Bundespräsident.
10. Die ____ ist schwarz.
11. Deutsche Tennisspielerin.
12. Er hat kurzes, welliges ____.

Senkrecht ↓

1. Susan kommt aus North Dakota. Sie ist ____.
2. Nicht mollig.
3. Neunzehn plus neun macht ____.
4. Nicht klein.
5. Zwanzig minus sechs macht ____.
6. Deutscher Tennisspieler.
7. Nicht hübsch.

° *was*

O. **Das Klassenzimmer.** Draw a sketch of your German classroom and label as many items and their colors as you can. Remember to include **der/die/das** to indicate the gender of nouns.

P. **Ein Zeitungsartikel.** (*A newspaper article.*) Here is an article from the **New Yorker Staats-Zeitung**, a U.S. German-language newspaper. Take a look at it and see if you can answer the questions in English.

„Wir sprechen Deutsch"

New Yorker Staats-Zeitung, den 6–12 Juni 1992

„Knowledge of German necessary" steht immer häufiger in den Kleinanzeigen für Arbeitsstellen in Südflorida. „Wir sprechen Deutsch" liest man immer mehr in den Schaufenstern und an Hoteleingängen. Die Tourismuswelle aus Mitteleuropa hat in Florida für einen beispiellosen Aufschwung der deutschen Sprache gesorgt. Das Geld und die langen Urlaubszeiten der Deutschen haben den Floridianern auf den Sprung geholfen. Das geht so weit, daß eine Obdachlose im Stadtteil Normandy die Passanten mit ausgestreckter Hand wahllos mit dem Wort „bitte" anredet.

---

1. In which U.S. state is it especially useful to know German? *Florida*

2. Can you tell why German is used a lot in this state? *There are a lot of tourists coming from Central Europe, particularly Germans because of their money & long vacation periods*

3. **Eine Obdachlose** is a homeless woman. Why might a homeless woman use the word **bitte** as reported at the end of the article? _____

4. Can you tell whether this is a daily or a weekly paper? How? *This is a weekly newspaper because it has a range of dates for the entire week. (6-12)*

Q. Schreiben Sie. (*Write.*) The professors in Anna's nightmare and daydream were very different. Describe the professors in Anna's dreams, and then write about your own instructor.

1. First, list as many German words and phrases as you can to describe each professor.

Professor in Annas Albtraum	**Professor Freund in Annas Traum**
– schlank	– schlank
– alt	– alt
– grau	– schwarzes, kurzes Haar
– kurzes, welliges Haar	– klein
– unattraktiv	– freundlich

2. Use some of these words and phrases above to write a brief description of your German instructor. Include some other information about your instructor, e.g., name, nationality, appearance. Write in German.

Mein professor heißt Nikolai Penner.
Er spricht Deutsch. Er hat blondes,
kurzes Haar. Er hat blaue Augen.
Er kommt aus Russland. Er hat
Brille. Er ist relativ jung.
Er ist freundlich.

· K A P I T E L · Z W E I ·

Familie und Freunde

ANLAUFTEXT
Anna Adler stellt sich vor

A. Untertitel. Write an appropriate caption from the following list under each scene.

Ich höre gern Musik.   Ich gehe auch gern wandern.
Ich bin Studentin.   Ich möchte so viel sehen und so viel lernen.

1. _Ich bin Studentin_

2. _Ich gehe auch gern wandern._

3. _Ich möchte so viel sehen und so viel lernen._

4. _Ich höre gern Musik._

B. Die Familie. Read about the Nibbe family. Complete the statements about the family members. Then complete their family tree.

Annemarie und Hans-Jürgen Nibbe sind verheiratet. Sie wohnen in Wuppertal. Sie haben eine Tochter, Jennifer, und einen Sohn, Dirk. Jennifer und Dirk haben vier Großeltern. Annemaries Mutter heißt Katharina und Annemaries Vater heißt Ulrich Schultz. Hans-Jürgens Eltern heißen Mechthild und Dietrich Nibbe.

Jennifer und Dirk haben auch einen Onkel. Er ist Annemaries Bruder. Onkel Thomas ist ledig und hat keine Kinder. Jennifer und Dirk haben auch eine Tante. Sie ist Hans-Jürgens Schwester, Martina. Martina ist verheiratet. Martinas Mann heißt Hanno. Martina und Hanno haben zwei Kinder. Greta ist sechs Jahre alt. Sie ist Jennifers und Dirks Kusine. Gretas Bruder heißt Daniel. Er ist nur drei Jahre alt.

■ Daniel ist Gretas _____*Bruder*_____.

1. Annemaries ~~Mann~~ Bruder _____ ist Thomas.
2. Martina ist Jennifers und Dirks __Tante__.
3. Daniel ist Jennifers und Dirks __Cousin__.
4. Dietrich ist Dirks, Jennifers, Gretas und Daniels __Großvater__.
5. Greta ist Mechthilds und Dietrichs __Enkelinnen__.
6. Dirk ist Martinas __Neffe__.
7. Onkel Thomas ist nicht verheiratet. Er ist __ledig__.
8. Jennifer ist Gretas __Kusine__.

9. __Ulrich__ + 10. __Katharina__   11. __Mechthild__ + _____*Dietrich*_____

12. __Thomas__   *Annemarie* + 13. __Hans-Jürgen__   14. __Martina__ + 15. __Hanno__

16. __Jennifer__   17. __Dirk__   *Greta*   18. __Daniel__

C. Werner Günther hat viele Verwandte. Anna's Uncle Werner is describing his relatives. Fill in the appropriate forms of **haben**.

Meine Eltern, Friedrich und Elfriede, (1) __haben__ drei Kinder, meine

Schwester Hannelore, meine Schwester Ursula und mich. Ich (2) __habe__

keinen Bruder. Ich bin ledig. Ich (3) __habe__ keine Frau. Ich

(4) __habe__ auch keine Kinder. Meine Schwester Ursula ist nicht ledig.

Sie (5) __hat__ einen Mann. Er heißt Johannes. Johannes und Ursula

(6) __haben__ zwei Kinder. Sie (7) __hat__ eine Tochter, Katja,

und einen Sohn, Georg. Hannelore (8) __hat__ auch eine Familie.

Sie (9) __hat__ einen Mann, Bob, und zwei Kinder, Anna und Jeff.

1. _b_ Wann kommst du an?
2. _a_ Wann beginnt dein Deutschkurs?
3. _d_ Wann beginnt das Semester?
4. _g_ Kommst du nach Bad Krozingen?
5. _e_ Möchtest du deine Verwandten hier kennen lernen?
6. _f_ Ist es deine erste Reise nach Deutschland?
7. _h_ Hast du viele Fragen?
8. _c_ Hast du Angst?

a. Am Montag, dem 27. August.
b. Am 17. August.
c. Ein bisschen.
d. Erst im Oktober.
e. Ja, gern!
f. Ja, es ist meine erste Reise.
g. Ja, ich möchte nach Bad Krozingen kommen.
h. Sehr viele Fragen!

I. Kalender. German speakers abbreviate dates with the day first, followed by the month and the year. They use periods to separate the numbers. For example, June 15, 2002 would be abbreviated as 15.6.02. Anna has a list of her relatives' birthdays. Write the month of each person's birthday. Then check the calendar to see what day of the week each birthday falls on. Note that a German calendar week begins with **Montag** and ends with **Sonntag**.

Januar	Februar	März	April	Mai	Juni
Juli	August	September	Oktober	November	Dezember

		Monat	Wochentag
■ Georg	12.10.	_Oktober_	_Sonntag_
1. Vater	16.7.	Juli	Montag
2. Mutter	12.9.	September	Dienstag
3. Tante Uschi	2.3.	März	Sonntag
4. Onkel Hannes	10.11.	November	Montag

	Monat	Wochentag
5. Katja	5.8. _August_	_Donnstag_
6. Jeff	30.1. _Januar_	_Mittwoch_
7. Onkel Werner	17.5. _Mai_	_Samstag_
8. Oma Kunz	20.2. _Februar_	_Donnerstg_
9. Opa Kunz	8.12. _Dezember_	_Montag_

J. Was macht Anke wann? Anke is a student at a university in Munich. Look at her weekly schedule and answer the questions.

■ Wann hat Anke organische Chemie?
Montags, mittwochs und freitags um zwei Uhr fünfzehn.

	MONTAG	DIENSTAG	MITTWOCH	DONNERSTAG	FREITAG
8.15 Uhr		Chemielabor		Chemielabor	
9.15 Uhr	Physiologie		Physiologie		Physiologie
10.25 Uhr		Phys. Labor		Phys. Labor	
12.30 Uhr					AStA-Sitzung°
2.15 Uhr	organische Chemie		organische Chemie		organische Chemie
4.45 Uhr		Arbeits-gruppe*		Tennis	

°*Allgemeiner Studenten-Ausschuss-Sitzung: student government meeting*   * study group

1. Wann hat Anke Chemielabor?
Dienstags und Donnerstags um acht Uhr fünfzehn.

2. Wann hat Anke Physiologie?
Montags, Mittwochs und Freitags um neun Uhr fünfzehn.

3. Wann spielt Anke Tennis?
Donnerstags um drei viertel fünf.

4. Wann hat Anke die AStA-Sitzung?
Freitags um zwölf Uhr dreißig.

5. Wann ist Ankes Arbeitsgruppe?
Dienstags um drei viertel fünf.

6. Wann ist das Labor für Physiologie?
Dienstags und Donnerstags um zehn Uhr fünfundzwanzig.

ZIELTEXT
Ein Fax kommt an

K. Annas Fax. Georg was not home when Anna's fax arrived. Katja tells him about it later. Write the words from the list in the blanks, so Katja sounds coherent.

~~besuchen~~ • ~~bisschen~~ • ~~Deutschkurs~~ •
~~kommen~~ • ~~Oktober~~ • ~~Semester~~ • ~~sie~~ • ~~Uni~~

KATJA: Du, Georg, wir haben ein Fax von Anna! (1) _____sie_____ kommt

im August nach Deutschland. Sie verbringt zwei Semester an der

(2) _____Uni_____ in Tübingen. Sie hat einen (3) _Deutschkurs_

im August, aber das Semester beginnt erst im (4) _Oktober_.

Sie hat ein (5) _bisschen_ Zeit, bevor das (6) _Semester_

beginnt, und sie möchte nach Weinheim (7) _kommen_. Sie

möchte uns (8) _besuchen_. Ist das nicht toll?

L.   Kreuzworträtsel.

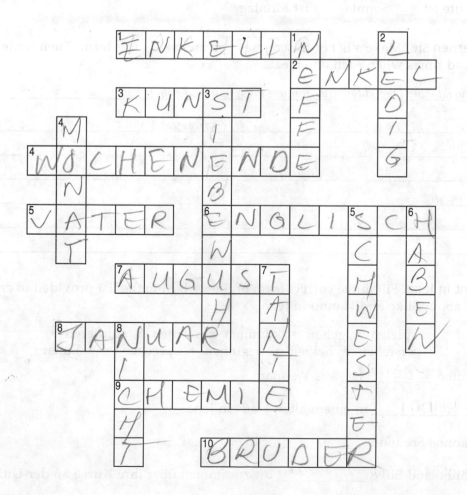

Waagerecht →

1. Katja Günther ist die ____ von Friedrich und Elfriede Kunz.
2. Jeff Adler ist der ____ von Friedrich und Elfriede Kunz.
3. Die moderne ____ ist oft abstrakt, wie z.B. bei Picasso.
4. Samstag und Sonntag sind das ____.
5. Mutter und ____ sind die Eltern.
6. In Deutschland sprechen wir Deutsch. In Amerika, Kanada und England sprechen wir ____.
7. Die Sommermonate sind Juni, Juli und ____.
8. Dezember, ____ und Februar sind Wintermonate.
9. Die Naturwissenschaften sind Biologie, Physik und ____.
10. Jeff Adler ist Annas ____.

Senkrecht ↓

1. Jeff Adler ist Ursula Günthers ____.
2. Jeff und Anna Adler sind nicht verheiratet. Sie sind ____.
3. Er steht morgens um ____ ____ auf.
4. Vier Wochen sind ein ____.
5. Anna ist Jeffs ____.
6. Wir ____ Hunger und Durst.
7. Ursula Günther ist Annas ____.
8. Heute ist ____ Sonntag. Es ist Montag.

M. Was lernen Sie? Make a list of the courses you are taking this term. Then write down the days and times when each one meets.

■ *Physiklabor: Dienstags und donnerstags, neun Uhr morgens.*

Deutsch: Montags, mittwochs, donnerstags und freitags, elf Uhr dreißig morgen
etriebswirtschaft: Dienstags und donnerstags, ein Uhr.
olkswirtschaft: Montags, mittwochs und freitags, eins Uhr dreißig
athematik: Montags, mittwochs, und freitags, acht Uhr dreißig morgens.
sychologie: Dienstags und donnerstags, acht Uhr dreißig morgens

N. Student in Jena. Fill in the correct form of the verb from the list provided to create statements about Silke and Hanno in Jena.

spielen • gehen • kommen • meinen • studieren •
verstehen • heißen • beginnen • sprechen • wohnen

1. Hanno ___kommt___ aus Weimar.

2. Er ___wohnt___ in einem alten Haus in Jena.

3. Hannos Freundin ___heißt___ Silke.

4. Hanno and Silke ___sprechen___ oft zusammen über ihre Kurse an der Universität.

5. Hanno _studiert_ ~~spielt~~ Amerikanistik. Er spricht gut Englisch. Er _versteht_ auch viel Englisch.

6. Heute Abend _studiert_ Hanno für eine Prüfung morgen.

7. Die Prüfung _beginnt_ morgen um 9 Uhr. Hanno _meint_, Englisch ist leicht.

8. Am Nachmittag _geht_ Hanno einkaufen.

O. Ein Dialog. You are being interviewed for a German student newspaper in Jena. Complete the dialogue with appropriate questions and responses.

■ Woher kommst du?
   Ich komme aus …

1. Interviewer: _Wo wohnen sie?_

   Sie: Ich wohne in der Schillerstraße.

2. Interviewer: Hast du einen Freund oder eine Freundin?

   Sie: _Nein, ich habe keinen Freund_

3. Interviewer: Wie heißt er/sie?

   Sie: _____

4. Interviewer: Was macht ihr zusammen?

   Sie: _____

5. Interviewer: _Was studieren sie?_

   Sie: Ich studiere … _____

6. Interviewer: Verstehst du auch Französisch?

   Sie: _Ja, ich verstehe Französisch._

7. Interviewer: Ich sehe, du lernst gerade Deutsch. Hast du eine Prüfung?

   Sie: _Ja, ich habe eine Prüfung am Montag._

8. Interviewer: Das Interview ist jetzt zu Ende. Hast du eine Frage für mich?

   Sie: _Nein, ich habe keine Frage._

Interviewer: Danke für das Interview.

P. Hannos Tagesablauf. Rewrite the sentences to create a paragraph describing Hanno's daily routine in Jena. Begin each sentence with the time adverbial.

■ Um 10 Uhr / aufwachen?
Um 10 Uhr wacht Hanno auf

1. um halb elf / aufstehen *Um halb elf steht Hanno auf.*

2. um 11.30 Uhr / an der Uni ankommen *Um 11.30 Uhr kommt Hanno an der Uni an.*

3. am Nachmittag / Silke anrufen *Am Nachmittag ruft Hanno Silke an.*

4. um 17.30 Uhr / von der Uni zurückkommen *Um 17.30 Uhr kommt Hanno von der Uni zurück.*

5. um 21.30 Uhr / mit Freunden ausgehen *Um 21.30 Uhr geht Hanno mit Freunden aus.*

Q. Persönliche Fragen. Answer the following questions in complete sentences.

1. Wann stehen Sie auf? *Ich stehe um sieben Uhr auf.*

2. Wann gehen Sie normalerweise schlafen? *Ich gehe normalerweise um Mitternacht schlafen.*

3. Wann kommen Sie normalerweise an der Uni an? *Ich komme normalerweise in der Universität um Viertel nach acht an.*

4. Rufen Sie Ihre Professoren oft an? *Nein, ich rufe keine mein Professoren an.*

5. Gehen Sie gern spazieren? *Ja, ich gehe gern spazieren.*

R. Schreiben Sie: Der Zimmerkamerad aus Österreich. Your school is hosting some Austrian exchange students and is looking for roommates for them. You are interested, but you want someone compatible.

1. First, list as many words and phrases as you can to describe yourself to a potential roommate. Then, list words and phrases that describe the kind of roommate you would like. Be sure to include information about your interests, habits, and family.

ich	er/sie
- 2 Schwestern und 1 Bruder	- freundlich
- höre Musik gern	- spricht ein bisschen Englisch
- gehe gern wandern	- klug
- sehe gern Fern	- sportlich

2. Use the words and phrases you listed to write a short letter to your potential new roommate. Introduce yourself, giving your name and age, and tell where you are from. Describe your interests, habits, and family. Include information that will help the Austrian students decide whether they should room with you. Then describe the kind of roommate you would like. What kind of habits and interests are compatible with yours? Ask at least one question. Since you do not know the students' names, begin your letter with **Grüß dich!** Close with **Mit freundlichen Grüßen,** and sign it with **dein** (if you are a man) or **deine** (if you are a woman) and your name.

den 27. Oktober

Grüß dich!

Ich heiße Soni und ich bin 18 Jahre alt.
Ich komme aus Brampton. Ich habe zwei
Schwestern und einen Bruder. Ich höre Musik
gern. Ich gehe auch gern wandern. Ich sehe
gern Fern. Ich möchte einen Zimmerkamera
der ist freundlich, klug und sportlich.
Er/sie spricht ein bisschen Englisch.

Mit freundlichen Grüßen,
deine Soni

KAPITEL ZWEI Workbook

· K A P I T E L · D R E I ·

Was gibt es in Heidelberg und Mannheim zu tun?

ANLAUFTEXT
Was halten wir von Anna? Was hält sie von uns?

A. Untertitel. Write an appropriate caption from the following list under each scene.

Essen sie immer nur Schweinefleisch? Trinken sie immer nur Bier?
Sie trägt bestimmt immer Shorts und ein T-Shirt.
Lächelt sie immer wie alle Amerikaner?
Sieht Anna wohl immer nur fern? Hat sie immer ein Stück Kaugummi im Mund?

1. Sie trägt bestimmt immer Shorts und ein T-shirt.

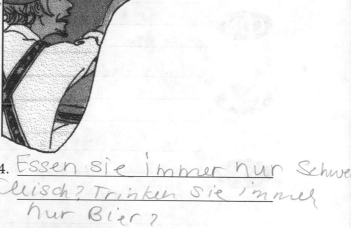

2. Lächelt sie immer wie alle Amerikaner?

4. Essen sie immer nur Schwei Fleisch? Trinken sie immer nur Bier?

3. Sieht Anna wohl immer nur fern? Hat sie immer ein Stück Kaugummi im Mund?

B. Stereotypen. The table below lists some common stereotypes about several nationalities. Fill in the gaps in the table, then describe each nationality according to the stereotypes. Then describe yourself. Do you fit any common stereotypes?

	FAHREN	TRAGEN	ESSEN	TRINKEN	IM FERNSEHEN SEHEN
EIN DEUTSCHER	einen Mercedes	eine Lederhose	Bratwurst Sauerkraut	Bier	Fußball
EINE KANADIERIN	einen Ford	eine warme Winterjacke	Pizza	heiße Schokolade	Eishockey
ALLE AMERIKANER	einen Ford	Jeans	Hamburger	Cola	Football
EINE JAPANERIN	einen Toyota	einen Kimono	Reis	Tee	Sumo
EIN FRANZOSE	einen Citroën	Christian Dior-Kleidung	Baguettes	Wein	Eislauf
ICH	einen Mercedes	einen Pullover	Hähnchen	Mineralwasser	Film

D *Ein Deutscher fährt einen Mercedes. Er trägt eine Lederhose. Er isst immer Bratwurst und Sauerkraut und er trinkt immer nur Bier. Er spricht Deutsch und er sieht gern Fußball im Fernsehen.*

CDN Eine Kanadierin fährt einen Ford. Sie trägt eine warme Winterjacke. Sie isst immer Pizza und sie trinkt immer nur heiße Schokolade. Sie spricht Englisch und sie sieht gern Eishockey im Fernsehen.

USA Alle Amerikaner fahren Fords. Sie tragen Jeans. Sie essen Hamburger und trinken Cola. Sie sehen gern Football im Fernsehen.

J Eine Japanerin fährt einen Toyota. Sie trägt einen Kimono. Sie isst Reis und trinkt Tee. Sie sieht Sumo im Fernsehen.

F Ein Franzose fährt einen Mercedes. Er trägt Christian-Dior-Kleidung. Er isst Hähnchen und trinkt Wein. Er sieht gern Eislauf im Fernsehen.

C. Komplimente machen. You are at a party with some very fashion-conscious people. Use expressions from the list to compliment the following people on their appearance. Use a possessive adjective in your compliment.

(sehr) schön • super • fantastisch • (echt) toll • (sehr) schick

■ Frau Schneider, die Schuhe
Frau Schneider, Ihre Schuhe sind sehr schön!

1. Herr Klassen, die Jacke

   Herr Klassen, Ihre Jacke ist super!

2. Annette, die Jeans

   Annette, Ihre Jeans sind sehr schick.

3. Herr Herder, der Pullover

   Herr Herder, Ihr Pullover ist toll.

4. Frau Steiner, das Parfüm

   Frau Steiner, Ihr Parfüm ist fantastisch.

5. Christina, das Haar

   Christina, ihr Haar ist super. ~~sind~~

6. Martin, das T-Shirt

   Martin, dein T-shirt ist super.

7. Jennifer und Julia, die Tennisschuhe

   Jennifer und Julia, eure Tennisschuhe sind schick.

D. Keine Komplimente. Later, at the same party you are talking with your good friend Theresa. You notice some unattractive features about other people. Use expressions from the list to comment on the following people, using the appropriate possessive adjective.

nicht (sehr) schön • unattraktiv • furchtbar° • langweilig°   *terrible / boring*

■ David, die Jacke
Siehst du David? Seine Jacke ist nicht schön!

1. Sabine, das Haar

   Siehst du Sabine? Ihr Haar ist schön.

2. Frau Krempellmann, die Schuhe   Plural   sind

   Siehst du Frau Krempellmann? Ihre Schuhe ~~ist~~ furchtbar.

3. Markus, das T-Shirt

   Siehst du Markus? Sein T-shirt ist unattraktiv.

4. Dirk und Daniel, die Tennisschuhe

   Siehst du Dirk und Daniel? Ihre Tennisschuhe sind langweilig.

5. Tanja, das Parfüm

   Siehst du Tanja? Ihr Parfüm ist furchtbar.

6. Herr König, der Pullover

   Siehst du Herr König? Ihr Pullover ist schön.

E. Keine Stereotypen. You have several friends who don't fit the stereotypes of their nationalities. Look at the chart on page 28 and tell about them. Then tell about yourself.

■ *Mein Freund Bob ist Amerikaner, aber er isst keine Hamburger. Er isst Sushi, denn er hat Sushi gern.*

		Nein	**Ja**
Bob	Amerikaner	Hamburger essen	Sushi essen
Thomas	Deutscher	Bratwurst essen	vegetarisch essen
Midori	Japanerin	Tee trinken	Kaffee trinken
Jim und Susan	Kanadier	Eishockey sehen	Fußball sehen
Marie-Claire	Französin	einen Citroën fahren	einen Audi fahren
Janet	Amerikanerin	Cola trinken	Mineralwasser trinken
Ich			

D Mein Freund Thomas ist Deutscher, aber er isst keine Bratwurst. Er isst vegetarisch denn er hat vegetarisch gern.

CDN Meine Freundin Jim und Susan sind Kanadier, aber sie sehen kein Eishockey. Sie sehen Fußball, denn sie sehen Fußball gern.

USA Mein Freund Bob ist Amerikaner, aber er isst keine Hamburger. Er isst Sushi, denn er hat Sushi gern.

J Meine Freundin Midori ist Japanerin, aber sie trinkt keinen Tee. Sie trinkt Kaffee denn sie hat Kaffee gern.

F Meine Freundin Marie-Claire ist Französin, aber sie fährt keinen Citroën. Sie fährt einen Audi den sie hat Audi gern.

F. Karla und Karin sind Zwillinge. Karla and Karin are twins. They look alike, but they have very different interests. Describe their differences. Then write down which of the two activities you prefer.

Karla   Karin

■ spielen
Karla spielt gern Tennis, aber Karin läuft gern Ski. Ich spiele lieber Tennis.

1. essen

Karla isst gern Hamburger, aber Karin isst gern Pizza. Ich esse lieber Pizza!

2. Shorts tragen

Karla trägt gern Shorts.

3. trinken

Karla trinkt gern Cola, aber Karin trinkt gern Mineralwasser. Ich trinke lieber Mineralwasser

4. Pullover tragen

5. lesen

Karla liest Englisch gern, aber Karin liest Französisch gern. Ich lese lieber Englisch.

6. sprechen

Karla spricht Englisch gern, aber Karin spricht französisch gern. Ich spreche lieber Englisch

G. Beim Essen. Use **möchte** to tell what the following people would be likely to want for the meals listed. Look back at **Brennpunkt Kultur** in the textbook to refresh your memory.

■ Du bist Amerikanerin. (Frühstück)
Du möchtest Cornflakes oder Choco Krispies zum Frühstück haben.

1. Olaf ist Deutscher. (Abendbrot)

Er möchte Käse, Aufschnitt, oder Brot zum Abendbrot haben.

2. Nancy ist Kanadierin. (Abendbrot)

Sie möchte Hamburger oder Pizza zum Abendbrot haben

3. John, Jim und du seid Amerikaner. (Mittagessen)

Wir möchten Suppe oder Hähnchen zum Mittagessen haben.

4. Inge ist Deutsche. (Mittagessen)

Sie möchte Fleisch oder Fisch zum Mittagessen haben.

5. Sarah und ich sind Amerikaner. (Mittagessen)

Ihr möchtet Suppe oder Hähnchen zum Mittagessen haben

6. Frau Berger ist Deutsche. (Frühstück)

Sie möchten Kaffee oder Tee zum Frühstück haben

ABSPRUNGTEXT
Heidelberg und Mannheim

H. Freiburg oder Karlsruhe? The following people have one day free during a business trip and are trying to decide whether to visit Freiburg or Karlsruhe. Make recommendations for them based on information from the texts below. Provide a reason for each suggestion.

Karlsruhe

Universitätsstadt am Rhein, 270.000 Einwohner, 3.500 Betten, charakteristische fächerförmige Stadtanlage, eine familienfreundliche Stadt.

Freizeit: Museen, Theater, Oper, Zoo, Botanischer Garten, Stadtrundfahrt, Tennis, Freischwimmbad, Hallenschwimmbad, Reiten, Angeln, Segeln, Schiffahrt auf dem Rhein.

Sehenswürdigkeiten: klassizistischer Marktplatz mit Glockenspiel im Rathaus, Schloß, älteste Technische Universität in Deutschland, Bergbahn auf den Turmberg (Aussichtsturm).

Freiburg

Universitätsstadt im Schwarzwald, 180.000 Einwohner, 3.000 Betten in 44 Hotels, 21 Gasthöfen, 25 Hotel garni und Pensionen.

Freizeit: 18-Loch-Golfplatz, Kleingolf, Tennis, Fahrradverleih, Planetarium, Surfen, Skilift, Ski-Schule und Skiverleih, Eishockey, Theater, Schloßberg Seilbahn.

Sehenswürdigkeiten: gotisches Münster, Universität, Galerien, Museen, malerische Stadttore, Fußgängerzone, Schloßberg.

■ Herr Hoffmann: Ich möchte eine Technische Universität sehen.
   Besuchen Sie Karlsruhe. Karlsruhe hat eine Technische Universität.

1. Herr Heinze: Ich möchte Golf spielen.
   Besuchen Sie Freiburg. Freiburg hat einen 18-Loch-Golfplatz.

2. Frau Jeschke: Ich möchte meine drei Kinder mitbringen.
   Besuchen Sie Karlsruhe. Karlsruhe ist eine familienfreundliche Stadt.

3. Fräulein Mika: Ich möchte ins Planetarium gehen.
   Besuchen Sie Freiburg. Freiburg hat ein Planetarium.

4. Frau Grüber: Ich möchte in den Zoo gehen.
   Besuchen Sie Karlsruhe. Karlsruhe hat einen Zoo.

5. Herr Lindt: Ich möchte Ski laufen.
   Besuchen Sie Freiburg. Freiburg hat Skilift, Ski-Schule und Skiverleih.

6. Frau Plenzdorf: Ich möchte ein Schloss sehen.
   Besuchen Sie Karlsruhe. Karlsruhe hat ein Schloß.

7. Herr Hilbig: Ich möchte ein altes Münster sehen.
   Besuchen Sie Freiburg. Freiburg hat gotisches Münster.

8. Frau Schädlich: Ich möchte eine Schifffahrt machen.
   Besuchen Sie Karlsruhe. Karlsruhe hat eine Schiffahrt auf dem Rhein.

Name _____ Klasse _____ Datum _____

I. **Meine Universität.** Your new Austrian roommate is curious about your university. Complete the following sentences to provide a brief description. Use some of the words and phrases from the list to help you.

das Museum • das Schwimmbad • der Fluss • die Kirche •
Football sehen • das Theater • das Hotel • das Schloss •
historische Studentenlokale finden • Basketball spielen • Ski laufen •
gute Filme sehen • schwimmen • Rad fahren

1. Meine Universität heißt _Universität in Waterloo_.
2. Hier gibt es _historische Studentenlokale finden_.
3. Es gibt hier auch _den Fluß_.
4. Es gibt hier kein (keine/keinen) _Theater_.
5. Hier kann man _sehen Footbal_.
6. Hier kann man auch _schwimen_.
7. Hier kann man nicht _laufen Ski_.

J. **Mannheim besichtigen.** You are on a bus tour of Mannheim. Your tour guide is very enthusiastic, and she is sitting right next to you and is asking you if you can see all the sights she is pointing out. Use pronouns to tell her you can.

■ Sehen Sie das Schloss? _Ja, ich sehe es._
Können Sie das Schloss sehen? _Ja, ich kann es sehen._

1. Sehen Sie den Friedrichsplatz? _Ja, ich sehe ihn._
2. Sehen Sie die Jesuitenkirche? _Ja, ich sehe sie._
3. Können Sie die Kunsthalle sehen? _Ja, ich kann sie sehen._
4. Können Sie das Glockenspiel sehen? _Ja, ich kann es sehen_
5. Sehen Sie den Wasserturm? _Ja, ich sehe ihn._
6. Können Sie das Alte Rathaus sehen? _Ja, ich kann es sehen._

K. **Oma und Opa.** You were planning to visit your grandparents for the weekend, but you have too much studying to do. You call them to explain your situation and they ask a lot of questions. Complete the conversation by filling in the correct personal pronouns.

1. Opa: Besuchst du ___uns___ am Wochenende?
2. Sie: Nein, ich kann ___euch___ nicht besuchen.
3. Oma: Was, möchtest du ___uns___ nicht sehen?
4. Sie: Doch, ich möchte ___dich___ und Opa sehen.
5. Ich besuche ___euch___ gern, aber ich kann im Moment nicht. Ich habe so viel zu tun.
6. Opa: O.K., wir können ___dich___ an der Uni besuchen. Wir können am Sonntag ins Restaurant gehen – sagen wir um eins.

7. SIE: Ja, ihr könnt _mich_ besuchen – gute Idee. Bis Sonntag dann.

   OMA: Ja, bis Sonntag. Wiederhören.

   SIE: Wiederhören.

L. Eine Konferenz. At a large convention, you encounter a lot of acquaintances who talk to you about their colleagues. Complete the conversations with the correct possessive adjectives (**mein, Ihr, ihr**) and the correct forms of **kennen**.

1. HERR HUBER: Kennen Sie (1) _meine_ ~Plural~ Kollegen Frau Stein und Herr Kunz?

   SIE: Nein, ich (2) _kenne_ ~f.~ sie nicht.

   HERR HUBER: (3) _Meine_ Kollegin Frau Stein kommt aus Tübingen.

   SIE: Aus Tübingen? Das ist eine sehr schöne Stadt!

   (4) _Kennen_ Sie die Uni dort?

2. FRAU GRAMM: (5) _Kennen_ Sie (6) _meine_ ~f.~ Kollegin Frau Hahn?

   SIE: Ja, ich (7) _kenne_ Frau Hahn. Frau Hahn und

   (8) _Ihr_ Mann haben Zimmer 1708 und ich habe Zimmer 1709.

   FRAU GRAMM: (9) _Kennen_ Sie Frau Hahns Mann, Professor Hahn?

   SIE: Nein, ich kenne ~activ~ (10) _Ihren_ ~m~ Mann nicht.

   FRAU GRAMM: (11) _Ihr_ Mann ist sehr berühmt°. *famous*

ZIELTEXT
Fahren wir nach Mannheim oder nach Heidelberg?

M. Was gibt es in Heidelberg zu sehen? Put these sentences from the **Zieltext** dialogue in correct order. The first sentence is marked for you.

_4_ Das Museum ist langweilig.

_6_ Welches?

_5_ Du kennst das Musuem in Heidelberg doch gar nicht.

_2_ Aber es gibt nicht viel zu sehen in Heidelberg. Das Schloss vielleicht, und die Uni.

_3_ Doch. Es gibt viel zu sehen in Heidelberg: das Schloss, das Museum ...

_7_ Das große Museum in der Haupstraße. Heidelberg ist gut. Wahrscheinlich besser als Mannheim.

_1_ Ich habe gedacht, wir fahren nach Heidelberg.

N. Kreuzworträtsel.

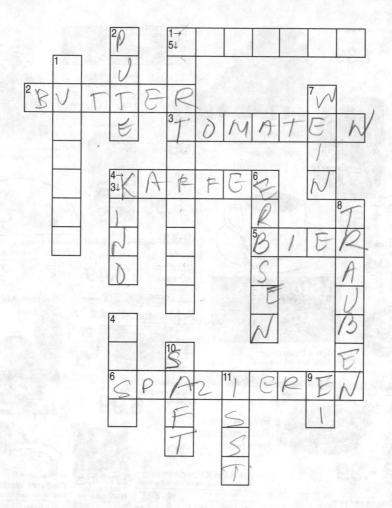

Waagerecht →

1. Ich habe Musik sehr gern. Ich spiele Gitarre und ____.
2. Zum Frühstück essen viele Deutsche Brötchen mit ____ und Marmelade.
3. ____ sind rot. Sie sind gut in Salaten und in Spaghettisoße.
4. Nachmittags gibt es bei vielen Deutschen ____ und Kuchen.
5. ____ ist ein (stereo)typisches deutsches Getränk.
6. Samstags gehen wir gern im Wald ____.

Senkrecht ↓

1. Nicht viele Deutsche spielen gern Football, aber viele spielen ____.
2. Das Hähnchen und die ____ sind Geflügel.
3. Ich möchte heute Abend einen Film sehen. Ich gehe ins ____.
4. Zum Abendessen gibt es in Deutschland oft Brot, Wurst und ____.
5. Zum Mittagessen gibt es in Deutschland oft Fleisch mit ____, Reis oder Nudeln.
6. ____ sind klein, rund und grün. Sie sind ein Gemüse.
7. ____ ist ein alkoholisches Getränk. Er ist rot, weiß oder rosé.
8. ____ sind kleines, rundes Obst. Sie sind grün oder rot.
9. Zum Frühstück essen manche Deutsche gern ein weich gekochtes ____.
10. Viele Amerikaner trinken Orangen____ gern zum Frühstück.
11. Herr Steingruber ____ abends gern Wurst und Käse.

KAPITEL DREI **Workbook** **33**

O. Einkaufen. Sort these items from grocery advertisements into their correct categories.

Marke Gutshof Man schmeckt die Qualität
Wachs-Brechbohnen 720 ml Glas **1.39**

Ital./Span. Tafeltrauben »blau«, »Lavallee«, Klasse I 1000 g Schale **2.99**

Paulus 2 Regen-bogen-Forellen 340 g Packg. tief-gekühlt **3.49**

Putenunterkeule Hdkl. A, tiefgekühlt 1000 g **4.49**

Hähnchenfilet paniert, Hdkl. A 100 g **1.59**

Jacobs Kaffee »Swing« 500 g Packung **8.99**

Span. Paprika grün, Klasse II, lose 1000 g **2.99**

Marke Gutshof Man schmeckt die Qualität
Erbsen sehr fein und Karotten 720 ml Glas **1.49**

Aus der Käsetheke: **Franz. Weichkäse** 56% Fett i.Tr. 100 g **2.29**

4 Steaklets

Iglo 4 Steaklets **Western Art** tiefgekühlt 300 g Packung **3.49**

GUTS-GOLD **Schlemmer-Poularde**

Gutsgold Schlemmerpoularde tiefgekühlt 1100 g **6.99**

Neuseel. Kiwi-Früchte Stück **-.49**

Frische grobe Rostbratwürstchen Nürnberger Art 100 g **-.99**

Supermilch Vanille, Banane, Erdbeere oder weiße Schokolade 0,5 Liter Packung **-.99**

Brekkies Katzennahrung Rindfleisch + Fisch, Rindfleisch, Hühnerfleisch, Thunfisch + Fleisch oder Herz + Leber 400 g Packung **1.99**

Brekkies mit frischem Rindfleisch & Fisch

Elsässer Weißbrot Original aus dem Elsass 500 g Laib **1.99**

Mischgemüse

Natreen Orangen-, fruchtsaft-getränk 1 Liter Flasche **1.49**

Ital./Span. Pfirsche Klasse I, Sorte: Sun-Crest 1000 g Schale **2.49**

Unterland Erbsen oder Mischgemüse (Erbsen und Karotten) tiefgekühlt 1 kg Beutel **2.99**

Nußschinken geschnitten 100 g **1.49**

Schweinebraten 1 kg **6.99**

Obst

Tafeltrauben

Kiwi-Früchte

Gemüse

Unterland Erbsen

Span. Paprika

Fleisch

Schweinebraten

Steaklets

Rostbratwürstchen

Geflügel

Schlemmerpoularde

Getränke

Supermilch

Fruchtsaft getränk

Jacobs Kaffee

Anderes

P. Ein Besuch in Bern. The following information from a Swiss tourist brochure promotes Berne, the capital of Switzerland. Look it over and answer the questions in English.

Schilthorn
Piz Gloria
2970 m / 10 000 ft.
Mürren   Berner Oberland   Switzerland

Höhepunkt jeder Schweizerreise —
das höchstgelegene Drehrestaurant der Welt mit dem einzigartigen Alpenpanorama.

ⓘ Direktion Schilthornbahn, Höheweg 2, 3800 Interlaken, Telefon 036 23 14 44, Telex 923 162

Stadtrundfahrt Tour de Ville City Sightseeing tour	Täglich / Chaque Jour / Daily*
	1.1.—31.3. + 1.11.—31.12. samstags / samedi / Saturday 14 h
	1.4.—30.4. Täglich / Chaque jour / Daily 14 h
	1.5.—31.10. Täglich / Chaque jour / Daily 10/14 h
	Preis / Prix / Price SFr. 15.—

Bahnhof (vor Verkehrsbüro)	Gare (devant l'Office du Tourisme)	Station (in front of Tourist Office)

* ohne Sonntagnachmittag und Feiertage / sauf le dimanche après-midi et jour féries / except Sunday afternoon and public holidays
Dauer / Durée / Duration: 2 h

Besuchen Sie den Zeltglockenturm

Historisches Bern — Neues Bern
Erleben Sie das historische und das neue Bern in einem bequemen **Bus** mit sprachkundigem Führer. Ein erster Halt am Rosengarten zeigt Ihnen die einzigartige Aussicht auf die Altstadt. Durch das Botschaftsviertel gelangen Sie an Museen vorbei zur Aare. Während des nächsten Aufenthaltes besichtigen Sie das Münster, ein Zeugnis spätgotischer Baukunst. Von hier spazieren Sie zum Zeitglockenturm mit seinem Figurenspiel. Über die Junkerngasse erreichen Sie den Bärengraben, in dem noch heute die Wappentiere Berns gehegt werden. Abschliessend fahren Sie durch die mittelalterlichen Hauptgassen zurück zum Bahnhof.
Zeitglocken-Führungen: Siehe Seite 4.

1. What is Berne's mascot? _____ Bear _____

2. Does the brochure advertise a walking tour or a driving tour? _____ driving tour _____

3. How long does the tour take? _____ 2 hours _____

4. How much does the tour cost? _15 Francs_

5. List three things you can see on the tour. _rose garden,_
museum, bell tower

6. Where can you get more information about a cablecar ride to the top of Piz
Gloria? _036 23 14 44_

Q. Schreiben Sie. Describe your family.

1. First, write something that describes you in each box of the **Ich**-column. Then
   include some family members, e.g., **meine Mutter, mein Bruder**, in the chart and
   complete it, describing each person. For example, if you enter **meine Mutter** in a
   column and your mother drives a Ford Escort, you would write "Ford Escort"
   next to **fahren**.

	ich	mein- _Vater_	mein- _Mutter_	mein- _Schwester_
möchte	_nach Indien_	_nach Europa_	_nach Schweiz_	_nach Japan_
fahren		_Dodge Caravan_		_Ford_
essen	_Hamburger_	_Fisch_	_Trauben_	_Obst_
trinken	_Mineralwasser_	_Bier_	_Wein_	_Saft_
lesen	_Buch_	_Zeitung_	_Zeitschrift_	_Roman_
tragen	_Pullover_	_Shorts_	_Bluse_	_Pullover_

2. Use the information you have compiled to tell about your family. Briefly
   describe each person you listed above.

Ich möchte nach Indien. Ich esse Hamburger. Ich
trinke Mineralwasser. Ich lese das Buch. Ich
träge einen Pullover. Mein Vater möchte nach
Europa. Er fährt einen Dodge Caravan. Er isst
Fisch und trinkt Bier. Er liest die Zeitung.
Er trägt Shorts. Meine Mutter möchte nach
Schweiz. Sie isst Trauben und trinkt Wein. Sie
liest Zeitschrift. Sie trägt eine Bluse.
Meine Schwester möchte nach Japan. Sie isst
Obst und trinkt Saft. Sie liest Roman.
Sie trägt Pullover.

·KAPITEL·VIER·

Unterwegs

ANLAUFTEXT
Mutters Ratschläge

A. Untertitel. Write an appropriate caption below each scene.

1. _____

_____

2. _____

_____

3. _____

_____

4. _____

_____

5. _____

B. Einkaufen bei Kleider Bauer. The Austrian clothing store **Kleider Bauer** is having a grand opening sale. Look at the newspaper advertisement and use the informal **du** or **ihr** to suggest to the following people what they should buy. Prices are in schillings. Note that the list uses plural forms of nouns.

■ Bettinas Mantel ist sehr alt, aber sie hat nicht viel Geld.
Bettina, du sollst einen Baumwollmantel kaufen.

1. Jürgen Steiner geht nächste Woche auf eine wichtige Konferenz, aber sein Anzug ist sehr alt und sieht nicht gut aus.

    Jürgen, _____

2. Sabines Nichte heiratet° in einem Monat. Sabine hat nichts zu tragen.   *is getting married*

    Sabine, _____

3. Kurt und Maria Winterstetter haben einen Sohn und eine Tochter. Sie sind neun und elf Jahre alt und brauchen Kleidung für die Schule.

    Kurt und Maria, _____

4. Jürgen Krempellmann möchte eine Fahrradtour machen.

    Jürgen, _____

5. Jürgens Schwester Monika fährt mit.

    Monika, _____

6. Gerda Wiegand fährt gern mit dem Bus, aber im Winter ist es sehr kalt.

    Gerda, _____

7. Was möchten Sie bei Kleider Bauer kaufen?

    _____

C. Nach Minnesota fahren. An Austrian friend is planning a winter trip to Minnesota to go skiing and snowmobiling. Since your friend is not familiar with the U.S.A. and isn't sure what to bring, you are helping with the packing. Give your friend advice about what to take.

■ Soll ich meine Sandalen packen?
Nein, pack keine Sandalen. Pack deine Stiefel.

1. Ich möchte in Minnesota Shorts tragen.

    _____

2. Soll ich Handschuhe packen?

    _____

3. Vielleicht bringe ich meine Jacke mit.

    _____

4. Soll ich Stiefel mitnehmen?

    _____

5. Soll ich meine Tennisschuhe mitnehmen, oder kann ich sie vergessen?

    _____

6. Soll ich einen warmen Mantel packen?

    _____

D. Kinder! You are working at a daycare center for the summer. You constantly have to pay attention to the children because they're always into something. Use imperatives and **bitte** to tell the following children what not to do and then offer an alternative.

> ■ Melanie und Sven essen Sand°. (Obst essen)   *der Sand*
> *Esst keinen Sand! Esst bitte Obst!*

1. Vanessa und Christian singen sehr laut. (leise singen)

   _____

2. Silvia und Klaus tragen nur Unterhosen. (Hosen tragen)

   _____

3. Silke, Armin und Sascha trinken Cola. (Saft trinken)

   _____

4. Ingrid und Wolfgang öffnen die Tür. (die Tür schließen)

   _____

5. Hans und Hans-Peter nehmen alle Spielzeugautos°   *toy cars*
   aus dem Regal°. (auf•räumen°)   *shelf / to clean up*

   _____

6. Renate und Ellen vergessen ihre Jacken. (Jacken suchen)

   _____

E. Besuch von Freunden. Some old friends from your home town have come to visit you. It's Saturday and you are trying to decide how to spend the afternoon and evening. Use imperatives to make some suggestions. Use the phrases below to help you. Come up with some additional ideas specific to your school, too.

> ■ in ein Studentenlokal gehen
> *Gehen wir in ein Studentenlokal und trinken wir ein Bier!*

1. ins Kino gehen

   _____

2. einen Spaziergang machen

   _____

3. in ein Studentenlokal gehen

   _____

4. Freunde besuchen

   _____

5. eine Party machen

   _____

6. Basketball/Volleyball spielen

   _____

F. Wer kann was? Tell what each of the people listed below can do and how well they can do it. Then compare their talents to what you can do. Use adverbs from the list to help you.

fantastisch • super • ausgezeichnet • (sehr) gut • nicht so gut • (sehr) schlecht • gar nicht • überhaupt nicht

■ Steffi Graf / Tennis spielen
Steffi Graf kann fantastisch Tennis spielen, aber ich kann gar nicht Tennis spielen.

1. Luciano Pavarotti und Placido Domingo / singen

   _____

2. Eric Clapton / Gitarre spielen

   _____

3. Michael Schumacher / Auto fahren

   _____

4. Julia Child / kochen

   _____

5. Michail Barischnikow / tanzen

   _____

6. Tiger Woods und Bernhard Langer / Golf spielen

   _____

G. Mini-Dialoge. Supply the appropriate forms of **mögen** or **möchte** to complete the conversations.

1. ANNE: (1) _____ du ein Glas Bier, Karin?

   KARIN: Nein, danke. Ich (2) _____ lieber eine Cola.

   ANNE: (3) _____ du kein Bier?

   KARIN: Doch, ich (4) _____ Bier, aber heute darf ich keinen

   Alkohol trinken.

2. HERR KLEIN: (5) _____ Sie nach Hawaii fahren?

   HERR LEITNER: Nein, ich (6) _____ warmes Wetter nicht. Ich

                  (7) _____ lieber nach Österreich fahren.

   HERR KLEIN: (8) _____ Sie mit der Bahn fahren, oder

                  (9) _____ Sie lieber Ihr Auto benutzen?

   HERR LEITNER: Ich (10) _____ mit der Bahn fahren. Ich

                  (11) _____ die Staus° auf der Autobahn   *traffic jams*

   überhaupt nicht, und das Parken ist immer ein Problem.

H. Plus und Minus. There are advantages and disadvantages associated with bicycling. Some of them are listed below. Write + next to the advantages and – next to the disadvantages.

1. _____ Radfahren ist gesund.

2. _____ Es gibt viele Verkehrsregeln, die Radfahrer beachten müssen.

3. _____ Radfahren macht Spaß.

4. _____ Ein Fahrrad braucht wenig Platz.

5. _____ Bei schlechtem Wetter ist Radfahren unangenehm°.   *unpleasant*

6. _____ Ein Fahrrad kann man selbst reparieren.

7. _____ Mit dem Fahrrad kann man nicht auf der Autobahn fahren.

8. _____ Wer mit dem Fahrrad fährt, verbraucht kein Öl und Benzin.

I. Familie Nibbe. The Nibbe family has several pets. Fips, the dachshund; Mienz and Maunz, the cats; and Rollo, a large German shepherd. Use forms of **dürfen** to complete the paragraph about the rules of the house for these pets.

Mienz und Maunz (1) _____ auf° dem Sofa sitzen. Aber sie   *on*

(2) _____ nicht in den Garten gehen. Sie müssen im Haus bleiben.

Rollo (3) _____ nicht auf dem Sofa sitzen. Er ist zu groß. Er ist auch

dumm. Manchmal denkt er: „Ich (4) _____ auf dem Sofa sitzen!"

Dann sagt Frau Nibbe: „Rollo, nein! Du (5) _____ das nicht!" Fips ist

klein, aber er (6) _____ auch nicht auf dem Sofa sitzen. Fips und

Rollo (7) _____ im Garten spielen, aber sie (8) _____

nicht mit Mienz und Maunz spielen, denn die Katzen mögen die Hunde nicht.

J. Was dürfen Sie (nicht) machen? What are the rules where you live? Use the expressions to write five sentences telling what you may and may not do.

> spät ins Bett gehen • Alkohol trinken • viel Geld für Zigaretten ausgeben • spät aufstehen • mit meiner Freundin wohnen

_____

_____

_____

_____

_____

K. Was wollen sie? Ask each of the following people about their desires. Use the correct forms of the verb **wollen** and an appropriate verb to complete each sentence.

■ Jürgen kauft ein Fahrrad.
Willst du Rad fahren, Jürgen? _____

1. Peter und Heiko kaufen Bücher.

   _____

2. Frau Peters kauft ein Spanischbuch.

   _____

3. Annette liest eine Broschüre über Moskau.

   _____

4. Herr und Frau Koppe gehen zum Supermarkt.

   _____

5. Hannes geht ins Schwimmbad.

   _____

L. Neue Freunde. You are a resident assistant in a freshman dorm. At the first floor meeting the residents introduce themselves. Make a few notes about what they say about themselves to help you remember their names. Use some of the words from the list to help you.

> fleißig/faul • freundlich/unfreundlich • heiter, lustig/ernst •
> interessant/langweilig • klug, intelligent/dumm • kreativ/einfallslos •
> locker/steif • musikalisch/unmusikalisch • offen, gesellig/schüchtern •
> ruhig/laut • selbstsicher/unsicher, nervös • sportlich/unsportlich •
> sympathisch/unsympathisch

■ SIEGFRIED: Ich arbeite sehr viel und ich habe Musik sehr gern. Ich spiele Gitarre und Klavier.
Siegfried ist fleißig und musikalisch. _____

1. MARTIN: Ich arbeite nicht gern. Ich schlafe lieber. Ich spiele sehr gern Tennis und Football und ich schwimme gern.

   _____

2. HILDE: Ich bin ziemlich nervös. Ich bin nie laut. Ich habe keine Freunde.

   _____

3. MARLENE: Ich lese gern und ich schreibe auch gern. Ich möchte ein Buch
   schreiben. Ich komponiere° auch Musik.   *compose*

   _____

4. INGRID: Ich möchte nicht mit euch sprechen! Ich finde es dumm, dass ich in
   einem Studentenwohnheim wohnen muss.

   _____

5. HORST: Was? Ich soll etwas sagen? Uh ... Warum sind wir hier?

   _____

6. OLI: Ich liebe das Leben!

   _____

7. ANDREAS: Kommt doch in mein Zimmer! Ich habe ein Sofa und einen
   Fernseher. Wir können etwas trinken und zusammen fernsehen.

   _____

M. Annas Reise. Supply the accusative prepositions from the list to complete the paragraph.

durch • für • gegen • ohne • um

Anna fliegt morgen nach Deutschland. Sie muss alles packen. Sie geht

(1) _____ das Haus. Hat sie alles? Sie geht (2) _____

den Tisch herum. Aha! Sie sieht ihren blauen Pullover. Sie braucht ihn

(3) _____ den Winter. Sie will nicht (4) _____

den Pullover fliegen. Sie geht (5) _____ die Tür und in den

Garten. Da liegt ihr Tennisschläger. Sie möchte in Deutschland mit Katja und

Georg spielen. Sie braucht bestimmt den Tennisschläger (6) _____

die Reise. Sie geht zurück ins Haus und sieht ihre Reiseschecks.

(7) _____ Reiseschecks kann sie überhaupt nicht fliegen. Sie

muss sie schnell einpacken. Dann denkt sie: Habe ich meinen Pass? In Frankfurt

muss ich (8) _____ den Zoll gehen.

ZIELTEXT
Endlich unterwegs!

N. Ordnen Sie. Use consecutive numbers to arrange these two groups of sentences from the **Zieltext** in a logical order. The first sentence in each group is marked for you.

_____ Ach ja, das ist richtig, genau!

_____ Hat sie nicht so einen lila Rucksack?

_1_ Mutti, wie können wir sie denn erkennen, unsere Kusine Anna?

_____ O.K., dann kann es nicht so schwer sein, sie zu erkennen.

_____ Und lange blonde Haare soll sie haben.

_____ Hallo, Tante Uschi! Onkel Hannes! Guten Tag!

_1_ Hallo, Anna!

_____ Lang. Ich bin jetzt todmüde ...

_____ Na, jetzt gehen wir mal zum Auto.

_____ Wie geht's dir denn? Wie war dein Flug?

O. Kreuzworträtsel.

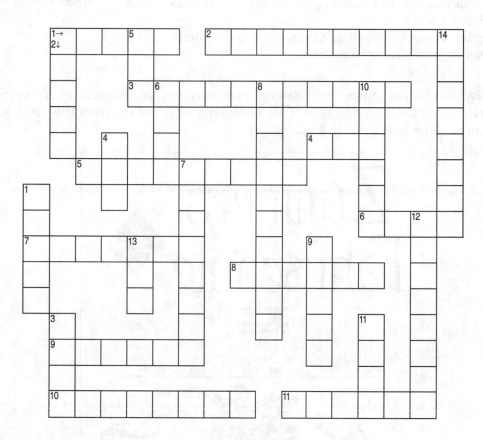

Waagerecht →

1. Viele Amerikaner tragen ____ und ein T-Shirt.
2. Dieser alte Film ist nicht interessant. Er ist ____.
3. Unter der Hose trägt man die ____.
4. Frau Schilling möchte in den Alpen ___ laufen.
5. Pack deine Zahnbürste und ____ ein!
6. Sophie geht ins Theater. Sie trägt einen ____ und eine Bluse.
7. Im Winter trägt man keine Sandalen. Man braucht warme ____.
8. Eine heitere Person ist auch ____.
9. David Letterman ist nicht steif. Er ist ____.
10. Herr Altmann ist nicht schüchtern. Er ist offen und ____.
11. Frau Gerteiser ist nicht nervös. Sie ist sehr selbst____.

Senkrecht ↓

1. Frau Pfau trägt nicht gern Kleider. Sie trägt lieber ___.
2. Im Winter trägt Herr Lawnick Handschuhe und eine warme ___.
3. Herr Chiha ist nicht dumm. Er ist sehr ___.
4. Schau ___! Anna kommt.
5. Frau Nowaks Tennisschuhe sind nicht alt. Sie sind ___.
6. Fünfzehn minus sechs macht ___.
7. Im Winter trägt Herr Beller oft einen warmen ___.
8. Anna bringt ihr deutsch-englisches ___ mit nach Deutschland.
9. Im Kulturbeutel hat Anna einen Lippen___.
10. Georg ist nicht sehr ernst. Er ist ___.
11. Suffix: freund___, sport___.
12. Anna möchte im Flugzeug Musik hören. Sie packt ihren ___ und viele CDs ein.
13. Es ist Annas Geburtstag. Georg hat ein Geschenk ___ Anna.
14. Das ___ ist eine schöne Uhr.

P. Eine Fahrschulbroschüre. Even though you may not understand every word in this advertisement for a driving school, you can get a lot of information from it. Look it over and answer the questions in English.

1. What is the school's phone number? _____

2. Who is the owner of this business? _____

3. If you were getting a class 1 license, what would you be learning to drive?

   _____

4. What do students learn to drive for a class 3 license? _____

5. If you were getting a class 3 license, what practice vehicles would be

   available? _____

6. Mofa 25 is for mopeds and motor scooters. Who would probably need a

   class 4/5 license? _____

7. If you took the vacation course on driving theory, how many days would you
   attend class? At what times? What do you think you would learn in the course?

   _____

8. Beantworten Sie die Fragen auf Deutsch:

   a. Haben Sie einen Führerschein? _____

   b. Wann haben Sie Autofahren gelernt? _____

   c. Dürfen Sie Motorrad fahren? _____

Q. Schreiben Sie. A Swiss acquaintance is planning to study at your college for a year.

1. First, make a list of things your acquaintance should bring/not bring, do/not do in
   preparation for the trip.

   bringen   **nicht bringen**

   _____   _____

   _____   _____

   _____   _____

   _____   _____

   machen   **nicht machen**

   _____   _____

   _____   _____

   _____   _____

   _____   _____

2. On the next page, write a short letter to your acquaintance in which you suggest
   what to bring and do and what to avoid. Modal verbs and the informal imperative
   will be useful. Begin your letter with **Lieber** + a male name or **Liebe** + a female
   name. Be sure to close your letter with either **dein** or **deine** and your name.

_____

_____

_____

_____

_____

_____

_____

_____

_____

_____

_____

_____

_____

_____

_____

_____

· K A P I T E L · F Ü N F ·
Freundschaften

A. Untertitel. Write an appropriate caption beneath each scene.

1. _____

_____

2. _____

_____

3. _____

4. _____

_____

5. _____

B. Familiengeschichte. Onkel Werner is compiling the family history and has asked Tante Uschi to write about how she and Onkel Hannes met. Since it's an informal piece of writing, Tante Uschi has chosen to use the conversational past. Supply the correct forms of **haben** and **sein** in her story.

Nach dem Abitur (1) _____ ich in Hamburg Pharmazie studiert.

Dort (2) _____ ich in einer Studentenkneipe gearbeitet. Hannes

(3) _____ oft in die Kneipe gekommen. Er (4) _____

immer eine Zeitung gehabt, aber er (5) _____ sie nie gelesen. Er

(6) _____ auch nie Trinkgeld gegeben. Er (7) _____

aber sehr gut ausgesehen. Eines Tages (8) _____ er mich ins

Theater eingeladen, und nachher (9) _____ wir zusammen ein

Bier getrunken. Er war so nervös, er (10) _____ kaum ein Wort

gesagt. Später (11) _____ wir an der Alster spazieren gegangen,

und wir (12) _____ einander geküsst. Es (13) _____

geregnet, aber es war trotzdem sehr romantisch. Von da an (14) _____

wir viel Zeit zusammen verbracht, und ich (15) _____ oft mit

Hannes ausgegangen. Wir (16) _____ in St. Pauli getanzt und

getrunken, und wir (17) _____ sonntags immer zum Fischmarkt

gegangen. Hannes (18) _____ auch Liebesgedichte für mich

geschrieben. Später (19) _____ wir uns verlobt und bald danach

(20) _____ wir geheiratet.

C. Katjas Tagebuch. The day that she met Roland, Katja wrote quite a lot in her diary. Supply the participles to complete her entry. Use the verbs from the lists.

arbeiten • essen • gehen • kennen lernen • sagen • sehen •
sprechen • trinken • verbringen • verstehen

Heute habe ich einen sehr netten Jungen° (1) _____.   *boy*

Er heißt Roland. Ich habe ihn zuerst im Jugendklub (2) _____.

Er hat dort (3) _____. Ich habe Tee

(4) _____ und ein Stück Kuchen (5) _____.

Dann habe ich viel mit ihm (6) _____. Er hat viel über

seine Familie und seine Hobbys (7) _____. Wir haben

zwei Stunden zusammen (8) _____ und wir haben

einander sehr gut (9) _____. Später ist er mit mir zum Bus

(10) _____.

ein•laden • fragen • geben • haben • nehmen • sagen

Ich habe ihn zum Kaffee (11) _____, aber er hat keine Zeit

(12) _____. Ich habe ihm dann meine Telefonnummer

(13) _____ und ihn (14) _____,

ob er mich anruft. Er hat die Nummer (15) _____ und „ja"

(16) _____! Ich bin sehr froh!

aus•geben • aus•sehen • denken • diskutieren •
ein•kaufen • machen • verlieben • wissen

Vielleicht ruft er mich morgen an! Oder vielleicht soll ich ihn morgen anrufen.

Meine Freundin Tanja kennt ihn seit der Schule, und sie hat seine Nummer

(17) _____. Ich finde Roland super, und Tanja hat das

auch (18) _____. Er hat sehr gut (19) _____.

Später haben Tanja und ich im Diskont-Markt (20) _____,

und ich habe ziemlich viel Geld (21) _____, aber das

hat Spaß (22) _____. Wir haben viel über Roland

(23) _____. Ich glaube, ich habe mich in ihn

(24) _____!

D. Wie ist das Wetter? An Austrian exchange student in your history class is planning some sightseeing trips around the area during vacation break, but is unfamiliar with the weather here. Help out with some brief descriptions.

■ Wie ist das Wetter in Minneapolis im Winter?
Es ist sehr kalt und windig und es gibt viel Schnee.

1. Wie ist das Wetter in Toronto in Juni?

   _____

2. Wie ist das Wetter in Seattle im Herbst?

   _____

3. Wie ist das Wetter in Las Vegas im Winter?

   _____

4. Wie ist das Wetter in Florida im Sommer?

   _____

5. Wie ist das Wetter in Montreal im Frühling?

   _____

6. Wie ist das Wetter in New Orleans im Dezember?

   _____

7. Wie ist das Wetter in Washington, DC im Juli?

   _____

8. Wie ist das Wetter in Vancouver im April?

   _____

9. Wie ist das Wetter jetzt bei Ihnen?

   _____

> **ABSPRUNGTEXT**
> „ Ein Freund, ein guter Freund ...
> das ist das schönste, was es gibt auf der Welt"

E. **Dirk und Michaela.** Dirk's younger brother is just old enough to start dating and wants to know how Dirk met Michaela. Fill in the correct forms of the missing verbs from the list to complete Dirk's story.

an•sprechen • aus•gehen • aus•sehen • denken • essen • gefallen •
gehen • haben • kennen lernen • sein • tanzen • verlieben • verloben

Ich kenne Michaela schon seit drei Jahren. Wir haben uns in der Disko

(1) _____. Sie hat sehr schön (2) _____ und ich habe

(3) _____: „Das ist eine Frau für mich!" Ich habe sie (4) _____

und wir haben zusammen in der Disko (5) _____. Später sind

wir zusammen ins Kino (6) _____, oder wir haben Eis

(7) _____. Lars und Nils haben sie gern gehabt und Michaela hat meinen

Freunden wirklich gut (8) _____, und wir sind oft zu viert

(9) _____. Ich habe Michaela wirklich sehr lieb (10) _____,

und sie hat sich auch in mich (11) _____. Nach anderthalb Jahren habe ich

Michaela einen Ring gegeben und wir haben uns (12) _____. Es ist

eigentlich ganz einfach (13) _____.

F. Das Fotoalbum. You have asked three different couples about how they met. They show you pictures from the early days of their relationship and tell you something about their past. What do they tell you? Write at least three sentences describing each picture.

Mama, das ist Heiko. Heiko, meine Mutter und mein Bruder Frank.

Du bist immer noch so schön.

Du auch, Liebling.

_____ _____ _____
_____ _____ _____
_____ _____ _____
_____ _____ _____
_____ _____ _____
_____ _____ _____

G. Katja und Roland. Anna and Georg are asking questions about Katja's relationship with Roland. Rewrite their questions and answers as complex sentences with the conjunctions **dass** and **ob**.

■ Sieht Roland gut aus? Er hat braunes Haar.
   ANNA: *Weißt du, ob Roland gut aussieht?*
   GEORG: *Ich weiß nur, dass er braunes Haar hat.*

1. Ist Roland nett? Katja hat ihn gern.

   ANNA: _____

   GEORG: _____

2. Sind sie in einander verliebt? Sie mögen sich°.   *each other*

   ANNA: _____

   GEORG: _____

3. Haben sie sich verlobt? Sie haben die Verwandten kennen gelernt.

   ANNA: _____

   GEORG: _____

4. Möchten sie später heiraten? Sie möchten eine große Hochzeit haben.

ANNA: _____

GEORG: _____

H. Warum fährt Anna Rad? Katja wants to know why Anna isn't driving a car in Germany even though her U.S. driver's license would be valid. Write down some of Anna's reasons using the cues provided. Then assume that you ride a bicycle and tell some of your own reasons for bicycling.

■ Ein Auto kostet viel Geld.
   Ich fahre Rad, weil ein Auto viel Geld kostet.

1. Ein Auto braucht viel Öl und Benzin.

   _____

2. Radfahren ist umweltfreundlich.

   _____

3. Ein Auto braucht viel Platz.

   _____

4. Radfahren ist gesund.

   _____

5. Es gibt nicht viele Parkplätze.

   _____

6. Radfahren macht Spaß.

   _____

7. Ich bin auch als Kind gern Rad gefahren.

   _____

I. Lars' Geschichte. Lars is telling his friend Dirk about breaking up with his first girlfriend, Angelika. Put the parts of his sentences in a meaningful order. Begin each sentence with the boldfaced element listed first, then decide how to arrange the rest.

■ **Angelika** / ich / sehr gern / habe / gehabt
   Angelika habe ich sehr gern gehabt.

1. **Für mich** / Angelika / sehr wichtig / war

   _____

2. **Sie** / hat / angerufen / mich / sehr oft

   _____

3. **Ich** / sie / auch / habe / angerufen / oft

   _____

4. **Drei Jahre** / zusammen / sind / gewesen / wir

   _____

5. **Du weißt schon,** / getrennt / haben / wir uns / dass

   _____

6. **Warum,** / ich / nicht / weiß

_____

7. **Ich** / habe / geliebt / sie / sehr

_____

8. **Ich weiß nicht,** / sie / mich / ob / hat / geliebt

_____

9. **Für mich** / die Trennung / sehr schwer / war

_____

10. **Zu der Zeit** / viel / habe / gesprochen / ich / mit dir und Nils

_____

11. **Ich bin froh,** / eine neue Freundin / habe / ich / dass

_____

J. Welche Sendungen°? Lars and his new girlfriend watch a lot of TV. *programs*
Which programs did they watch?

1. Lars hat Sport gern. Welche Sendung hat er um 20 Uhr gesehen? _____

2. Seine Freundin hat Komödien gern. Welche zwei Sendungen haben um 20.15
   angefangen? _____

KAPITEL FÜNF   Workbook   **55**

3. Lars hat Horrorfilme gern. Was hat um 23.30 gespielt? _____

4. Wann hat es eine Diskussion über Hitler gegeben? _____

5. Welche Sendung(en) finden Sie besonders interessant? _____

_____

K. Wie lange? Look back at the **Absprungtext** to answer the first three questions, then base the rest of your answers on personal experience. Use complete sentences.

1. Wie lange kennen sich Dirk, Nils und Lars schon?

_____

2. Wie lange kennen sich Michaela und Dirk schon?

_____

3. Seit wann sind Michaela und Dirk verlobt?

_____

4. Wie lange sind Sie schon Student/Studentin?

_____

5. Haben Sie einen Freund/eine Freundin? Wenn ja, wie lange sind Sie schon zusammen?

_____

6. Wie lange fahren Sie schon Auto?

_____

7. Wie lange fahren Sie schon Fahrrad?

_____

8. Seit wann verdienen Sie Geld? Wenn nicht, warum nicht?

_____

ZIELTEXT
Ein Gespräch mit Opa und Oma Kunz

L. Was möchten Sie wissen? If you were meeting some relatives for the first time, what kinds of questions would you ask? Imagine that you have a chance to talk with some relatives who knew your parents or grandparents before you were born. Write down questions about the past. What things would you like to ask but would be too embarrassed to ask? A few of the questions Anna asked her grandparents are listed below to get you started.

Was habt ihr gedacht, als meine Mama einen Amerikaner geheiratet hat?
Wie hat Mama Papa überhaupt kennen gelernt?
Warum kommt ihr uns nicht besuchen – in Amerika?

_____

_____

_____

_____

M. Kreuzworträtsel.

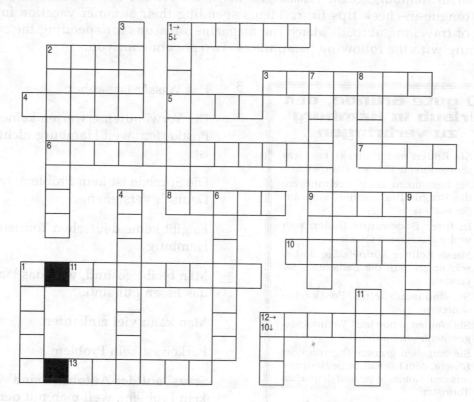

Waagerecht →

1. Der ____ ist kalt und weiß.
2. Tante Uschi und Onkel Hannes haben geheiratet. Jetzt sind sie Mann und ____.
3. Viele verliebte Personen ____ einander sehr gern.
4. Roland liebt Katja. Er ____ sie oft.
5. Es ist kalt und nass. Das Wetter ist wirklich ____.
6. Frank weiß nicht, ob Monika ihn liebt. Er hat ____.
7. Es regnet. Das Wetter ist ____.
8. Es gibt heute viel ____. Ich kann nicht gut sehen.
9. Dirk und Michaela lieben sich, aber sie haben manchmal Probleme. Manchmal gibt es ____.
10. Im ____ ist das Wetter kalt und es gibt Schnee.
11. Uwe fragt: „Willst du mich heiraten?" Tanja sagt: „Ja, gern." Sie ____ sich.
12. Wir haben heute ein Gewitter. Es ____ und blitzt.

13. Heute scheint die Sonne. Das Wetter ist ____.

Senkrecht ↓

1. Wasser fällt aus den Wolken. Das ist der ____.
2. Im ____ wird es wärmer. Der Schnee geht weg.
3. Anna ____ ihre Eltern in Indiana an.
4. Dirk und Michaela sind verlobt. Sie möchten ____.
5. Dirk und Michaela umarmen und küssen sich. Sie ____.
6. Es gibt heute keinen Sonnenschein und viele Wolken. Das Wetter ist ____.
7. Nils sieht gut aus. Er ist ____.
8. Oma und Opa Kunz sind ____ und Frau.
9. Im ____ wird das Wetter kühler, und es regnet oft.
10. Anna hat ein ____ spray im Kulturbeutel.
11. Herr Schulz trägt eine Hose, eine Krawatte und ein ____.

N. Sommer in Hamburg. *Szene Hamburg*, a magazine for the city of Hamburg, published these tongue-in-cheek tips for residents spending their summer vacation in town instead of travelling abroad. Match the magazine's reasons for spending the summer in Hamburg with the following paraphrases. Two are done for you.

10 gute Gründe, den Urlaub in Hamburg zu verbringen

1. Sie finden sogar direkt vor dem „Sorgenbrecher" einen Parkplatz.
2. Sie bekommen keine Rechnungen, die Buchhalter sonnen sich auf Samos.
3. In Ihrer Badewanne finden sich weder Algen noch Quallen.
4. Miese Kellner können Sie so beschimpfen, daß die Bedienung Sie versteht.
5. Sie müssen keine Postkarten schreiben.
6. Sie können schon jetzt Weihnachtsgeschenke einkaufen.
7. Sie entgehen grauen Tagen an der Riviera, dem Blick auf eine Bauruine aus dem Hotelfenster und deutschen Touristen.
8. Sie können sich über 90 Kilometer Staus zwischen München und Salzburg freuen.
9. Bei Wohnungsbesichtigungen hat sich die Zahl der Bewerber drastisch verringert.
10. Was bedeuten eigentlich die Wörter Akklimatisation, Jet lag und Montezumas Rache?

___3___ Das Wasser ist sauber.

_____ Die Verwandten erwarten keine Postkarten, weil Hamburg nicht exotisch ist.

_____ Die Sprache ist kein Problem, weil alle Deutsch verstehen.

_____ Es gibt keine deutschen Touristen in Hamburg.

_____ Man bleibt gesund, weil das Wasser und das Essen gut sind.

_____ Man kann viel einkaufen.

_____ Parken ist kein Problem.

_____ Staus° auf der Autobahn sind kein Problem, weil man mit dem Bus oder mit dem Rad fahren kann.   *traffic jams*

___9___ Weniger Leute suchen neue Wohnungen.

_____ Urlaub in Hamburg ist im Moment billig, weil alle Buchhalter im Ausland sind.

The two sections on the next page recommend some places to eat. Look them over and answer the questions in English.

1. Where would early risers most likely go for an early Sunday breakfast?

_____

2. At which pub could you sit on a terrace in a park? _____

3. At which pub on the bank of the Elbe can you hear sounds from the harbor?

_____

4. At which two cafés will you have a view of the Elbe? _____

5. Which café has a good quality brunch only every other week? _____

6. Where would you go for a great view of the Botanical Garden? _____

7. Where could you get Mexican food and beer? _____

Die 3 schönsten Frühstückslokale

1. **Hotel Hafen Hamburg**, Seewartenstraße 9 (St. Pauli), Telefon 3 11 13–0, Mo-So 6,30–10,30 Uhr.

2. **Strandcafé**, Övelgönne 1 (Övelgönne), Telefon 3 90 34 43, Mo-So 10–15 Uhr.

   Bei verschiedenen Frühstücken (von 5 bis 17,50 Mark) kann man auf der Terrasse den herrlichen Blick auf die Elbe genießen.

3. **Café Eisenstein**, Friedensallee 9 (Ottensen), Telefon 390 46 06, So 10–15 Uhr.

   Die Qualität des Sonntags-Brunch schwankt: Jede zweite Woche klappt alles. Dann ist das Rührei frisch, der Lachs hauchdünn geschnitten, und keine arroganten Wichtigtuer stoßen einen an, wenn man sich gerade einen Saft holt. Bloß – welche zweite Woche ist die richtige?

Die 6 schönsten Open-air-Kneipen

1. **Schuldt's Café**, Süllbergterrassen 34 (Blankenese) Telefon 86 24 11, Di-So 13–22 Uhr.

   Von den alten Wirtsleuten mit Wurst und Bier versorgt, mit dem Blick auf das Treppenviertel und die Elbe tritt etwas ein, was selten ist in Hamburg: Ruhe und Entspannung.

2. **Schöne Aussichten**, im alten Botanischen Garten (Innenstadt, Eingang auch Gorch-Fock-Wall), Telefon 34 01 13.

   Überfrachtete Schreibtische, horrende Kreditkarten-Abrechnungen und vernagelte Beziehungskisten verlieren beim Blick auf den botanischen Garten und einem Glas Bowle an Bedeutung.

3. **Zum Wattkorn**, Tangstedter Landstraße 230 (Langenhorn), Telefon 5 20 37 97.

   Langenhorn liegt nicht für jeden vor der Tür, aber der Weg lohnt sich.

4. **Strandperle**, Am Schulberg 2 (Övelgönne), Telefon 8 80 11 12.

   Bis Mitternacht direkt am Elbufer sitzen, Dosenbier trinken, ab und zu von einem Hund angebellt werden und dem Gerumpel des Hafens zuhören - wer das nicht mag, mag gar nichts.

5. **Witthüs**, Elbchaussee 449 a (Othmarschen), Telefon 86 01 73.

   Gerüchten zufolge wollte George Bush gar nicht wiedergewählt werden, weil er nämlich viel lieber bei Kaffee und Kuchen auf der Terrasse des weißen Hauses im Jenischpark sitzt. Wen wundert's.

6. **Bolero**, Bahrenfelder Straße 53 (Ottensen), Telefon 390 78 00.

   Der exotische Biergarten des mexikanischen Restaurants eignet sich zum entspannen, flirten und (wenn das nicht klappt) zum betrinken.

O. Schreiben Sie ein Liebesgedicht. When you use poetry to express yourself in a new language you can say a lot with just a few words. Use the past tense to write a poem about a past relationship or about some other past event. Look at the poem on page 58 by the fictitious author Ilse Kleber for ideas. Use the space available or a separate sheet of paper.

Zuerst

    haben wir einander

      gesehen

      angesprochen

      gefragt „Wie heißt du?"

Später

    haben wir einander

      gern gehabt

      umarmt

      geküsst

      geliebt

Dann

    haben wir

      Streit

      Probleme

      Krach

      Liebeskummer

               gehabt

Jetzt

    haben wir einander nicht mehr.

❖ ❖ ❖ ❖ ❖

_____

_____

_____

_____

_____

_____

_____

_____

_____

_____

_____

· K A P I T E L · S E C H S ·
Willkommen in Tübingen

ANLAUFTEXT
Anna zieht im Wohnheim ein

A. Ergänzen Sie. Complete the sentences with words from the **Anlauftext**.

1. Anna _____ in einem Tübinger Studentenheim
_____ .

2. Barbara _____ Anna beim Einzug.

3. Anna kann die _____ nicht aufschließen; dann gibt sie Barbara
den _____

4. Das Zimmer hat alles, was sie braucht: ein Bett zum _____ ,
einen _____ zum Sitzen und einen Schrank für ihre
_____ .

5. Anna hat wirklich Schwein gehabt: sie hat ein kleines Privatbad mit
_____ , Dusche und _____ .

6. Meistens gibt es nur ein _____ auf dem Gang.

7. Wenn Anna etwas trinken will, gibt es Cola- und Bier_____ im
Keller.

8. Wenn sie telefonieren will, gibt es _____ im Erdgeschoss.

9. Es gibt eine Küche am Ende vom _____ .

10. Anna dankt Barbara für die _____ .

11. Barbara _____ sich einen Stift von Anna und
_____ ihr den Namen von einem Freund aus Dresden
_____ .

B. Geschenke. Before leaving for Germany, Anna bought the following presents for her family and friends in the U.S. and Germany. She is going over the list with her mother as she is packing. Use dative pronouns **(ihm, ihr, ihnen)** and items from the list of gifts to complete their conversation.

eine CD • ein Sweatshirt von der Uni • Bilder von den USA • eine Krawatte • einen Pullover • eine Baseball-Kappe • einen Kalender mit Bildern von Indiana • ein Fotoalbum • eine Musikkassette

■ HANNELORE: Was schenkst du Georg?
ANNA: *Ich schenke ihm ein Sweatshirt von der Uni.*

1. HANNELORE: Was schenkst du Onkel Hannes?

   ANNA: _____

2. HANNELORE: Was schenkst du deiner Freundin Silvia?

   ANNA: _____

3. HANNELORE: Was schenkst du Tante Uschi?

   ANNA: _____

4. HANNELORE: Was schenkst du Katja?

   ANNA: _____

5. HANNELORE: Was schenkst du deinen Freunden Tom und Doug?

   ANNA: _____

6. HANNELORE: Was schenkst du Opa Kunz?

   ANNA: _____

7. HANNELORE: Was schenkst du deinem Vater?

   ANNA: _____

C. Geschenke für Prominente. You have the opportunity to present some gifts to the following prominent people. Write what you will give to each one, and why. Remember to use the dative case.

■ ein Professor
Ich schenke einem Professor eine Krawatte, weil ein Professor viele Krawatten braucht.

1. eine Königin _____

   _____

2. ein Bundeskanzler _____

   _____

3. eine Prinzessin _____

   _____

4. ein Sportler _____

   _____

5. ein Filmstar _____

_____

6. eine Autorin _____

_____

D. Ein neues Haus. The Aicheler family recently moved into a new house. Unfortunately, the movers didn't do a very good job and all their furniture is in the wrong rooms. You are not sure where everything is, but you think you have seen some of the items. Help the Aicheler family find their belongings.

■ Wo ist das blaue Sofa? (die Küche)
Ich glaube, es ist in der Küche.

1. Wo ist der Kühlschrank? (die Garage)

_____

2. Wo sind die Fahrräder? (das Esszimmer)

_____

3. Wo ist der große Esstisch? (die Waschküche)

_____

4. Wo ist die Waschmaschine? (das Bad)

_____

5. Wo sind die Kinderbetten? (das Wohnzimmer)

_____

6. Wo ist der Fernseher? (das Arbeitszimmer)

_____

7. Wo ist der Computer? (die Diele)

_____

8. Wo sind die Stiefel und Regenmäntel? (das Kinderzimmer)

_____

9. Wo ist das Toilettenpapier? (der Keller)

_____

10. Wo ist das Telefon? (das Klo)

_____

ABSPRUNGTEXT
Am Kopierer

E. Fragen am Kopierer. Assume that you are at a copy machine in Germany, and a German student approaches you. How would you respond to these questions?

1. Warst du nicht auch gestern in diesem Seminar?

_____

2. Sag mal, woher kommst du? ... Na ja, dein Herkunftsland?

_____

3. Wie fühlst du dich hier in Deutschland?

_____

4. Wie viele türkische Frauen kennst du?

_____

5. Kannst du mir Geld wechseln?

_____

F. In einer Wohngemeinschaft. Your housemates would like to know when you are finally going to take care of some things. What do you tell them? Use the following ideas in **wenn**-clauses.

Ich habe Zeit. • Ich habe Geld. • Meine Eltern besuchen mich. •
Das Wetter ist warm. • Ich habe keine Kleider mehr. • Ich habe Hunger. •
Ich repariere mein Fahrrad. • Ich kann mein Bett nicht finden.

■ Wann machst du dein Zimmer sauber?
Wenn ich mein Bett nicht finden kann. _____

1. Wann wäschst du deine Klamotten? _____

2. Wann stehst du vor ein Uhr auf? _____

3. Wann kaufst du ein? _____

4. Wann kochst du etwas? _____

5. Wann fährst du zur Uni? _____

6. Wann arbeitest du im Garten? _____

7. Wann liest du deine Bücher? _____

G. Anna lernt Karl kennen. Anna goes to meet Barbara's friend, Karl. Fill in the dative prepositions **aus, außer, bei, mit, nach, seit, von, zu** to complete their conversation.

KARL: Du kommst also (1) _____ Amerika?

ANNA: Ja, (2) _____ Indiana.

KARL: Du sprichst aber sehr gut Deutsch. Hast du das in der Schule gelernt?

ANNA: Ja, aber (3) _____ meinem Vater spricht meine ganze

Familie fließend Deutsch. Ich habe auch (4) _____

meiner Mutter Deutsch gelernt.

KARL: Toll. Wie lange bist du schon in Deutschland?

ANNA: Nicht lange. Ich habe nur ein paar Tage (5) _____

meinen Verwandten in Weinheim gewohnt, und dann bin ich

(6) _____ Tübingen gekommen.

KARL: Wie findest du Deutschland?

ANNA: Ich bin erst (7) _____ einer Woche hier, aber ich habe

Deutschland gern. Die Leute sind sehr nett.

KARL: Vielleicht kannst du mir (8) _____ meinem Englisch

helfen.

ANNA: Ja, gern, wenn du mir (9) _____ meinem Deutsch hilfst.

KARL: O.K., aber (10) _____ einem Monat brauchst du

bestimmt keine Hilfe mehr.

H. Cornelia hat ihre Großeltern besucht. Cornelia spent the weekend with her grandparents. Now she is telling her mother about the visit. Use dative pronouns to complete their conversation. Remember to watch for dative verbs.

MUTTER: Hast du Opa den neuen Pullover gegeben?

CORNELIA: Ja, ich habe ihn (1) _____ gegeben.

MUTTER: Na, hat (2) _____ der Pullover gefallen?

CORNELIA: Nein, er hat (3) _____ gedankt, aber der Pullover

hat (4) _____ nicht gefallen. Er war zu groß.

MUTTER: Es tut (5) _____ Leid, dass der Pullover zu groß

war. Hast du Oma den Käse gegeben?

CORNELIA: Ja, ich habe (6) _____ den Käse gegeben.

MUTTER: Und hat sie (7) _____ auch gedankt?

CORNELIA: Ja, natürlich hat sie (8) _____ gedankt.

MUTTER: Hat (9) _____ der Käse geschmeckt?

CORNELIA: Ja, und Opa auch. Der Käse hat (10) _____ beiden

gut geschmeckt, aber später hat Oma der Bauch wehgetan.

MUTTER: Ach, es ist schade, dass die Oma krank war. Hast du

(11) _____ dann geholfen?

CORNELIA: Ja, ich habe (12) _____ viel geholfen.

I. **Was sagen sie?** Write in the speech bubbles what each person is saying. Use the adjectives listed here.

warm • kalt • schlecht • heiß • langweilig

J. **Die Jugend von heute!** Tante Uschi and Onkel Hannes have a neighbor who disapproves of everyone except himself. Herr Schwenkenbecher especially disapproves of young people. Supply appropriate **der**-words **(dies-, jed-, welch-)** with correct endings to complete his tirade.

Es ist furchtbar, was die jungen Leute heute alles machen! (1) _____*Jeder*_____ junge Mann hat einen Ohrring und (2) _____ junge Frau hat einen Nasenring. Die jungen Männer heute rauchen zu viele Zigaretten und die jungen Frauen heute trinken zu viel Alkohol. Gestern habe ich mit einem jungen Mann gesprochen. (3) _____ Mann hat langes Haar und drei Ohrringe gehabt. Seine Freundin war auch schrecklich. (4) _____ junge Frau hat blaues Haar gehabt. Ich war nie wie (5) _____ jungen Leute von heute. Als ich jung war, hat (6) _____ junge Mann gearbeitet und (7) _____ junge Frau hat geheiratet.

ZIELTEXT
Gespräch in der Gemeinschaftsküche

K. **Karl beschreibt Anna.** After having tea with Anna and Barbara, Karl meets his next-door neighbor, Jan, and tells him about Anna. Use complete sentences to fill in what Karl says.

KARL: Du, Jan, wir haben eine neue Nachbarin. Ich habe sie eben kennen gelernt.

JAN: Ja, wie heißt sie?

1. KARL: _____

JAN: Wo hast du sie gesehen?

2. KARL: _____

JAN: Und woher kommt sie? Ist sie Deutsche?

3. KARL: _____

JAN: Hmm, und wie ist sie? Ist sie nett?

4. KARL: _____

JAN: Sie kann also Deutsch sprechen?

5. KARL: _____

JAN: Ich möchte sie auch kennen lernen. Ist sie jetzt hier?

6. KARL: _____

L. Kreuzworträtsel.

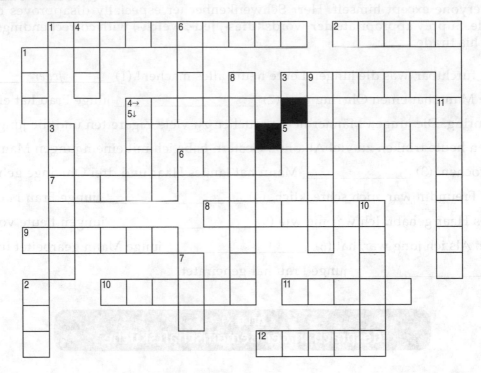

Waagerecht →

1. Die Waschmaschine ist im Erdgeschoss in der ____.
2. Der Kühlschrank und ein kleiner Esstisch stehen in der ____.
3. Viele Studenten und Studentinnen haben eine ____anlage im Zimmer.
4. Eine Hand hat fünf ____.
5. Ein ____ hängt im Badezimmer über dem Waschbecken.
6. Im ersten Stock gibt es einen ____ zwischen den Zimmern.
7. Die ____ ist über den Augen.
8. Augen, Nase und Lippen sind im ____.
9. Die Uhr im Schlafzimmer ist ein ____.
10. Der Abstellraum ist im ____.
11. Abends braucht man eine ____ zum Lesen.
12. Wenn die Großeltern zu Besuch kommen, schlafen sie im ____zimmer.

Senkrecht ↓

1. Am Ende vom Arm ist eine Hand. Am Ende vom Bein ist ein ____.
2. Der große ____ tut mir weh. Ich bin gegen den Tisch gestoßen.
3. Im Wohnzimmer gibt es ein Sofa und einen ____.
4. Jessica kann nicht Tennis spielen. Ihr tut der ____ weh.
5. Der Korridor heißt auch der ____.
6. Unter dem Mund ist das ____.
7. Das WC heißt auch das ____.
8. Die Kinder können heute nicht „Sesamstraße" sehen, denn der ____ funktioniert nicht.
9. Auf dem Boden im Wohnzimmer liegt ein schöner Orient-____.
10. Heinz ist im Erdgeschoss. Er möchte schlafen, aber sein Schlafzimmer ist im zweiten Stock. Er muss die ____ hinaufgehen.
11. Die Blusen, Röcke und Hosen hängen im ____schrank.

M. Mit welchem Körperteil? Answer each question by filling in the appropriate body part.

■ Mit was klopft man jemandem auf die Schulter? _____ *mit der Hand* _____

1. Mit was liest man? _____

2. Mit was hört man Musik? _____

3. Mit was riecht man Parfüm? _____

4. Mit was schmeckt man Schokolade? _____

5. Auf was steht man? _____

6. Mit was denkt man? _____

7. Mit was kaut man Kaugummi? _____

8. Auf was schläft man? _____

9. Mit was küsst man? _____

10. Auf was sitzt man? _____

N. Lesen Sie. Read the poem and answer the questions in English.

1. According to Philanueva, where are multicultural experiences most acceptable? Rate the following locations from 1 (most open) to 4 (least open).

____ in the bathroom

____ in the kitchen

____ in bed

____ in the living room

2. In Philanueva's opinion, to what degree are foreign foods popular in Germany?

_____

_____

3. How popular does Philanueva think foreign TV programs are in Germany?

_____

_____

4. Based on Philanueva's poem, to what degree are intercultural relationships accepted?

_____

_____

multikulturell

immer

in der küche

und

manchmal

im bett

aber bitte

nicht

im wohnzimmer

denn dort

steht

der fernseher

und

im klo

wollen wir

unter uns

sein

Tito Philanueva

Hamburger Unizeitung, 15. April 1993

5. Philanueva's poem appeared in the *Hamburger Unizeitung* and describes the conditions for foreign students in the relatively liberal and tolerant environment of a university. How would you rewrite this poem from Philanueva's perspective if you were alluding to attitudes in the following places?

a. an office

_____

b. a country village

_____

c. a family with teenaged, dating kids

_____

O. Schreiben Sie. Describe in German three rooms of a home you lived in as a child. Use separate sheets of paper. But don't just jump right in. Writing in a foreign language is much easier if you do it one step at a time.

1. First, list the German names for the rooms in the home. Then list the furniture in each room.

   ▪ **Wohnzimmer**

   das Sofa

   der Sessel

   der Fernseher

   der Teppich

2. Then add specific features.

   ▪ **Wohnzimmer**

   das Sofa: groß, braun

   der Sessel: alt

   der Fernseher: klein

3. Next, write phrases and sentences using the information from your lists. You may want to write on cards or small slips of paper to help organize your information.

4. Then, arrange the phrases and sentences in a logical order and write your description on a separate sheet of paper. When you are done, read it over to make sure it is accurate and reflects what you wanted to say.

5. Finally, draw or sketch a floor plan of the house to illustrate the location of the rooms and the objects in them, and put it at the end of your essay.

· K A P I T E L · S I E B E N ·

Man kann alles in der Stadt finden

ANLAUFTEXT
Barbara muss ein Konto eröffnen

A. Ergänzen Sie. Complete the sentences with words from the **Anlauftext**.

1. Barbara läuft zur _____.

2. Auf dem _____ trifft sie Stefan und Karl.

3. Karl und Stefan fahren runter in die _____.

4. Stefan muss auf die Post und Karl will Geld _____.

5. Barbara muss ein Buch kaufen; also sucht sie eine _____.

6. Barbara sucht auch eine _____, denn sie muss ein Konto eröffnen.

7. Barbara fragt, ob Karl und Stefan _____ mit dem Bus in die Stadt fahren.

8. Stefan fährt meistens mit dem Bus, weil er eine _____ hat.

9. Barbara möchte wissen, wo sie sich eine Semesterkarte _____ kann.

10. Sie kann die Semesterkarte am _____ Schmid am Hauptbahnhof bekommen, ...

11. ... oder direkt in der _____, wenn sie dort ihr Konto eröffnet.

12. Gleich _____ von der Sparkasse gibt es eine gute Buchhandlung.

B. Barbara fährt in die Stadt. Supply the definite articles to complete the paragraph about Barbara's first errands. Remember that with two-case prepositions, the accusative case indicates destination and the dative case indicates location.

Barbara fährt in (1) _____ Stadt. In (2) _____ Stadt

geht sie in (3) _____ Buchhandlung. In (4) _____

Buchhandlung möchte sie Bücher kaufen, aber sie kann die richtigen Bücher

nicht finden. Sie sieht eine Verkäuferin zwischen (5) _____

Bücherregalen und fragt sie. Die Verkäuferin weiß, wo die Bücher sind, und

Barbara findet sie neben (6) _____ Fenster. Sie bringt die Bücher

an (7) _____ Kasse und zahlt. Dann geht Barbara auf

(8) _____ Post und kauft ein paar Briefmarken. Barbara muss

auch ein Konto eröffnen. Deshalb geht sie auf (9) _____ Bank.

Neben (10) _____ Bank ist ein kleines Café. Sie geht in das Café

und trinkt ein Mineralwasser. Sie geht dann auf (11) _____

Bahnhof, denn sie möchte eine Semesterkarte kaufen. Dann fährt sie mit dem

Bus zurück zur Uni. Im Bus findet sie keinen Sitzplatz, also steht sie gleich vor

(12) _____ Tür.

C. **Wo war Petra?** Petra had a busy day. She had to go all over town. Look at the picture and use two-case prepositions **(an, auf, hinter, in, neben, über, unter, vor, zwischen)** with the dative case to tell where she was. Write your sentences in the conversational past tense.

■ *Um neun Uhr ist Petra im Fitnessstudio gewesen.*

1. _____
2. _____
3. _____
4. _____
5. _____
6. _____
7. _____
8. _____

D. Wohin fährt die Straßenbahn? The following map shows a streetcar route. Use two-case prepositions with the accusative to describe which route the streetcar takes.

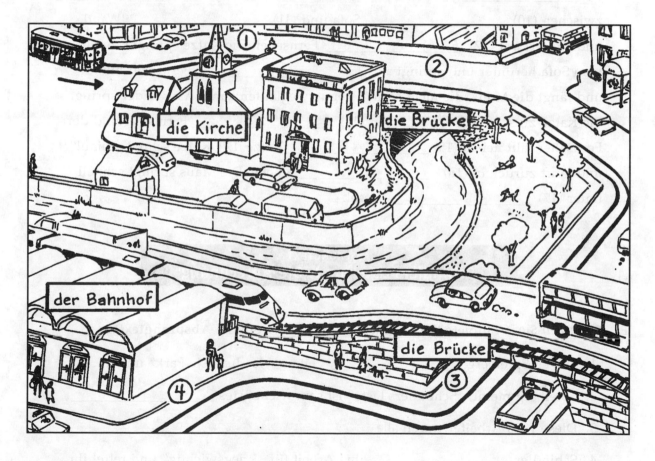

■ *Die S-Bahn fährt in die Stadt.*

1. _____
2. _____
3. _____
4. _____

E. Katze und Maus. Supply the appropriate articles to complete the story of a cat and mouse. Remember to watch for two-case prepositions **(an, auf, hinter, in, neben, über, unter, vor, zwischen)** and to use the accusative with destinations and the dative with locations.

Eine Katze geht in (1) _____ Küche. Dort sieht sie eine Maus.

„Eine Maus in (2) _____ Küche", denkt sie, „das darf nicht

sein!" Die Katze springt auf (3) _____ Maus, aber die Maus

läuft schnell unter (4) _____ Stuhl. Die Katze springt auf

(5) _____ Stuhl und greift nach der Maus, aber sie fängt die

Maus nicht, denn die Maus läuft in (6) _____ Wohnzimmer

und unter (7) _____ Sofa. Die Katze sieht die Maus unter

(8) _____ Sofa, kann sie aber nicht fangen. Deshalb springt sie auf

(9) _____ Sofa und wartet. Bald kommt die Maus heraus und läuft

zwischen (10) _____ Sofa und (11) _____ Wand

und klettert auf (12) _____ Fernseher. Die Katze springt schnell

vom Sofa herunter und springt auf (13) _____ Fernseher hinauf

und fängt die Maus, die nicht schnell genug weglaufen kann. Aber leider springt

die Katze zu schnell. Sie fällt hinter (14) _____ Fernseher und der

Fernseher fällt neben (15) _____ Katze. Die Katze schreit „miau!"

und läuft zurück in (16) _____ Küche. Die Maus springt schnell

unter (17) _____ Sessel.

ABSPRUNGTEXT
„Schindlers Liste" und „Die Abrechnung"

F. Ergänzen Sie. Complete the sentences with words from the **Absprungtext.**

1. Steven Spielberg _____ Filme wie „Jurassic Park" und „E.T.".

2. Spielberg meint, „Schindlers Liste" ist sein wichtigstes _____.

3. Diese 1300 Arbeiter waren alle _____.

4. Schindler _____ ihre Arbeit für „kriegswichtig" und rettet ihr Leben.

5. Schindler war _____, alles zu riskieren.

6. Der Club-_____ für dieses Buch ist nur DM 22,90.

7. „Die Abrechnung" ist ein aktueller und authentischer _____.

8. Das Thema von diesem Buch ist politischer Extremismus: der

_____ .

9. Ingo Hasselbach war führender Kopf von der _____

rechtsextremen Szene.

10. Hier gibt er seinen Austritt aus der neonazistischen _____

bekannt.

11. Hasselbach meint, die Szene wirkt wie eine _____ .

12. Das Buch ist 190 _____ lang.

G. Die Wahrsagerin. You are asking a fortune teller **(eine Wahrsagerin)** about your future. Use some of the expressions listed below or other time expressions to write what she tells you about yourself. Write complete sentences.

> in zwei (drei, vier ...) Stunden (Tagen, Wochen, Monaten, Jahren) •
> am Montag (Dienstag ...) • am Wochenende • im Sommer (Winter ...) •
> im August (September ...) • diesen (Samstag ...) • nie • immer • manchmal

■ Wann kaufe ich mein erstes Auto?
In zwei Jahren kaufen Sie Ihr erstes Auto.

1. Wann finde ich meine große Liebe? Wie wird er/sie heißen?

_____

2. Wann ist mein Studium zu Ende?

_____

3. Wann fahre ich nach Deutschland?

_____

4. Wann habe ich viel Geld?

_____

5. Wann kann ich ein Einfamilienhaus kaufen?

_____

H. Ein Stadtplan von Hamburg. You have met some young Russians staying at a youth hostel in Hamburg. They don't speak English, but do know some German. You have a map of Hamburg (see page 76) and are trying to help them figure out how to get around the city. Write complete sentences to answer their questions. (**S** = Straßenbahn, **U** = U-Bahn)

■ Wie kommen wir am besten von der Stadthausbrücke zum Bahnhof?
Am besten fahrt ihr mit der Straßenbahn.

1. Wie kommen wir am besten vom Rathaus zur Landesbankgalerie?

_____

2. Wie kommen wir am besten vom Rathaus zur St. Petri-Kirche?

_____

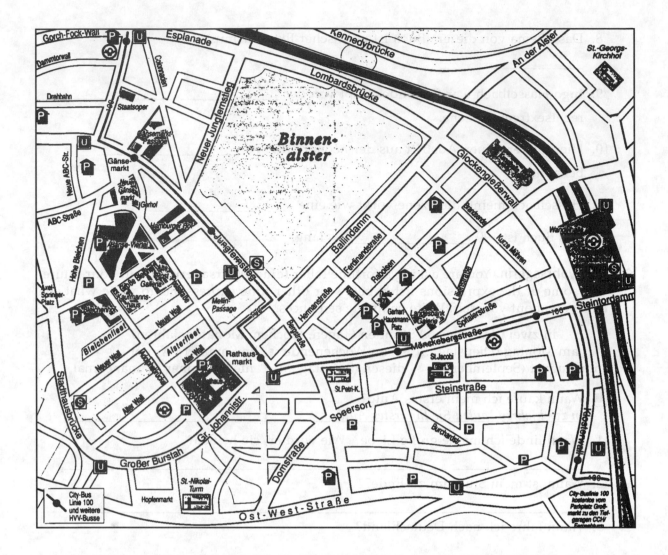

3. Wie kommen wir am besten über die Binnenalster?

_____

4. Wie kommen wir am besten vom Rathaus zum St. Georgs-Kirchhof?

_____

5. Wie kommen wir am besten vom Rathaus zur Staatsoper?

_____

I. **Wann, wie, wo?** Each of the people described below has an errand to run. Tell where they are going, how they will get there, and when they will go. Remember: time, manner, place.

■ Herr Ebinger muss heute drei Briefe schreiben. Er hat keine Briefmarken. Er hat kein Auto, aber er fährt gern Rad.
Er fährt heute mit dem Rad zur Post.

1. Frau Bufe möchte am Samstag die Zeitung lesen. Es gibt keinen Zeitungskiosk in der Nähe, aber sie wohnt neben einer Bushaltestelle.

_____

2. Herr Hinsch hat im Januar frei. Seine Kusine wohnt in Spanien. Er hat einen neuen Mercedes.

_____

3. Frau Ullstein hat ein Konto bei der Sparkasse. Sie muss Geld abheben, aber sie hat heute keine Zeit. Sie fährt sehr gern mit der Straßenbahn, denn die ist schnell und billig.

_____

4. Es ist halb acht morgens. Herr Prieß hat Hunger, aber er hat kein Brot im Haus. Um acht muss er im Büro sein. Die Bäckerei ist gleich um die Ecke.

_____

5. Frau Lange geht morgen zum Zahnarzt. Dort muss sie immer sehr lange warten. Sie möchte etwas zum Lesen kaufen, aber ihr Auto ist kaputt und es ist ziemlich weit bis zur Buchhandlung. Sie hat ein Fahrrad.

_____

6. Herr Radke möchte Moskau besuchen, aber Fliegen ist ihm zu teuer und der russische Winter ist ihm viel zu kalt. Er fährt gern mit dem Zug.

_____

7. Frau Gevers denkt immer an den „Wilden Westen". Sie hat im Juli Urlaub und sie hat letztes Jahr viel Geld verdient und möchte Kanada besuchen.

_____

J. Eine Klassenfahrt nach Freiburg. Frau Radke has brought her eighth grade class on a field trip to Freiburg (see page 78). In the morning they toured the city hall **(das Rathaus)** and the cathedral **(das Münster)**. After lunch, the students have two hours free to look around. Write down where they go from the **Münsterplatz**.

■ Nicolas und Willy gehen über die Schusterstraße. In der Salzstraße biegen sie links ab. Dann gehen sie etwa 500 Meter geradeaus. Auf der rechten Seite sehen sie das *Augustinermuseum* _____.

1. Alexandra, Gisela und Sigrid biegen in die Herrenstraße links ab. Sie gehen die Herrenstraße entlang bis zur Engelstraße. Dort biegen sie links ab und gehen bis zur Kaiser-Josef-Straße. An der großen Kreuzung biegen sie rechts ab. Sie gehen zwei bis drei Straßen weiter und sehen dort das

_____.

2. Hannes, Leopold und Marco gehen zur Kaiser-Joseph-Straße und biegen dort links ab und gehen dann bis zur Rathausgasse. Dort biegen sie rechts ab. Sie gehen etwa 200 Meter. Auf der rechten Seite sehen sie den

_____.

3. Heike und Yvonne gehen zur Kaiser-Joseph-Straße und biegen dort links ab und gehen dann bis zur Bertoldstraße. Dort biegen sie rechts ab und laufen an der Universität vorbei. Kurz vor dem Europaplatz sehen sie links das Kollegium Gebäude (KG) II. Zwischen KG II und KG I ist der

_____   _____   _____.

Freiburg

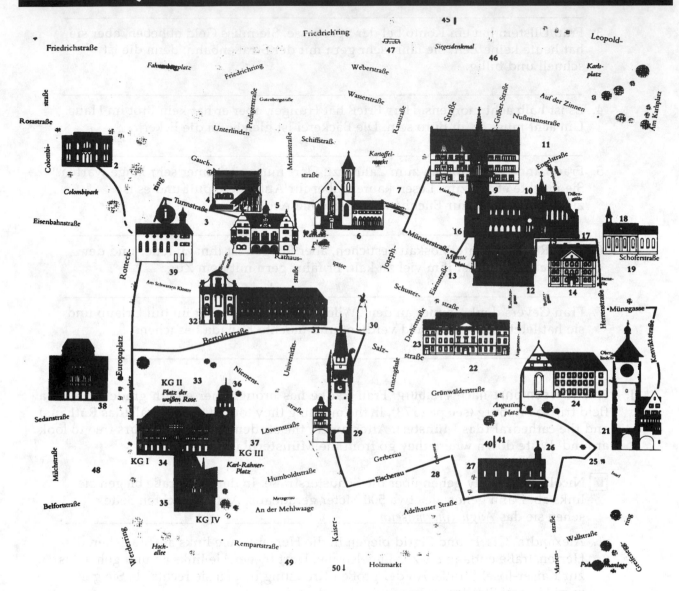

ℹ️	Tourist-Information	**15**	Alte Hauptwache	**29**	Martinstor
4	Gerichtslaube	**16**	Münster	**30**	Bertoldsbrunnen
5	Rathaus	**21**	Schwabentor	**33**	Kollegium Gebäude
8	Basler Hof	**24**	Augustinermuseum	**47**	Siegesdenkmal
9	Kornhaus	**28**	Fischerau	**48**	Universitätsbibliothek

K. Literatur. Use **damit** or **weil** to combine each sentence in the left column with a sentence in the right column to create a new meaningful sentence. Remember to change the word order after **damit** or **weil**.

Ich lese mein Mathematikbuch.	Die Kinder spielen nicht so laut am Samstag morgen.
Clarissa liest einen Liebesroman.	
Derek lernt Deutsch.	Er lernt in der Schule über Nelson Mandela.
Frieda kauft einen Zeichentrickfilm auf Video.	Er kann deutsche Gedichte im Original lesen.
Gerhard sieht einen Dokumentarfilm über die Politik in Südafrika.	Ich habe morgen eine Prüfung.
Irene kauft eine Kurzgeschichte von Ingrid Noll.	Sie ist romantisch.
	Sie kann etwas im Zug lesen.

■ *Ich lese mein Mathematikbuch, weil ich morgen eine Prüfung habe.* _____

1. _____
2. _____
3. _____
4. _____
5. _____
6. _____

ZIELTEXT
In der Buchhandlung

L. „Die Abrechnung" ist ein Bestseller. After Barbara buys her books, two salespeople discuss *Die Abrechnung*. Complete their conversation.

A: Du, ich habe eben noch ein Exemplar von dem Buch „Die Abrechnung"
verkauft. Wir haben nur noch drei. Wir müssen mehr bestellen.

B: Mensch! Wir haben in einer Woche siebzehn Exemplare verkauft. Das Buch
ist sehr populär. Wer ist der Autor?

A: Ingo Hasselbach. Er war früher (1) _____. Er ist aus der
Neonaziszene ausgestiegen und hat dieses Buch geschrieben. Es handelt
von Problemen von heute, ist also (2) _____.

B: Er beschreibt also die deutsche Neonaziszene?

A: Er beschreibt die Situation nicht nur in Deutschland, sondern in ganz
(3) _____.

B: Hm, viele Leute finden das interessant. Kein Wunder, dass das Buch ein
(4) _____ ist.

M. Kreuzworträtsel.

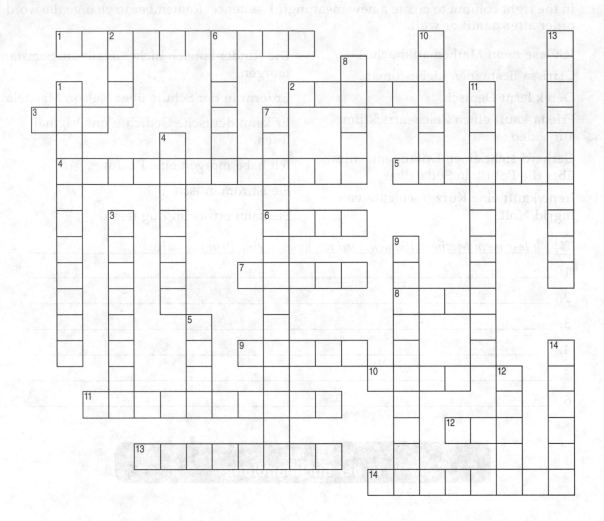

Waagerecht →

1. Ein Bioladen heißt auch ____.
2. Am Wochenende gehen viele Leute in eine Synagoge, in eine Moschee oder in eine ____.
3. Viele junge Leute, die keinen Führerschein haben, fahren mit dem ____ in die Schule.
4. „Romeo und Julia" von Shakespeare ist ein ____.
5. „Ilias" ist ein altes griechisches ____ von Homer.
6. In Hamburg und Stuttgart kann man mit der U-____ fahren.
7. „Schindlers Liste" ist ein ____ von Thomas Keneally und auch ein Film von Steven Spielberg.
8. Luciano Pavarotti und Kathleen Battle singen in der ____.
9. Im Super____ kann man fast alles zum Essen kaufen.
10. Thomas muss ein Konto eröffnen. Er geht auf die ____.
11. Lisa möchte ein Buch lesen, aber sie will es nicht kaufen. Sie geht in die ____.
12. Mit der Bahn fahren heißt auch mit dem ____ fahren.
13. Von Stuttgart nach Chicago kann man nicht mit dem Auto fahren. Man muss mit dem ____ fliegen.
14. In der Buchhandlung oder am ____kiosk kann man etwas zum Lesen kaufen.

Senkrecht ↓

1. Rüdiger wartet an der ____, denn er möchte mit dem Bus fahren.
2. Waldemar geht zu ____ auf die Uni, denn es ist nicht weit.
3. In der ____ kann man frisches Brot kaufen.
4. Gudrun geht ins ____, denn sie möchte ein Fußballspiel sehen.
5. Frau Hartmanns Auto ist kaputt. Sie ruft die Zentrale an und bestellt ein ____.
6. „Friday the 13th, part 97" ist ein ____film.
7. Siegfried schreibt ein Buch über sein Leben. Das ist seine ____.
8. Mickey Maus ist ein ____filmstar.
9. Siegfried schreibt ein Buch über Beethovens Leben. Das ist eine ____.
10. Jeden Freitagabend geht Susanna mit ihrem Freundeskreis in die ____ und trinkt Bier.
11. Eine Metzgerei heißt auch ____.
12. Ein Pkw ist ein ____.
13. In einer ____ kann man sitzen, Kaffee trinken und Kuchen essen.
14. Das Buch zum Film „The Bridges of Madison County" ist ein ____roman.

N. Lesen Sie. Look over the ad from the Bertelsmann Club catalogue for the books *Chronik des Zweiten Weltkriegs* and *Das Ende 1945*. Write down which book fits each description.

Das Ende des 2. Weltkriegs

Wie kein anderes Ereignis im 20. Jahrhundert hat der Zweite Weltkrieg die Welt verändert. Diese »CHRONIK« hält das Geschehen auf den Kriegsschauplätzen in Wort und Bild fest. Ausführliche Jahreskalendarien umfassen alle wichtigen Daten. In rund 1300 Einzelartikeln werden die Etappen und Stationen des Krieges ausführlich dargestellt. Dokumente, Zitate, Tabellen, Karten und Grafiken runden diese Informationen ab. Mehr als 1500 Bilder zeigen das Kriegsgeschehen an allen Fronten, den Alltag der Menschen und die großen historischen Entscheidungen. Ein ausführliches Personen- und Sachregister erlaubt einen schnellen Zugriff auf die Informationen.

478 Seiten. Im CHRONIK-Stil gestaltet und illustriert. Gebunden.

Die Chronik des Zweiten Weltkriegs   **01566 9 Club-Preis nur** 49.⁹⁰

Im Mai 1995 jährt sich zum 50. Mal das Ende des Zweiten Weltkriegs. Das ZDF sendet aus diesem Anlaß den dritten Teil der Trilogie »Der verdammte Krieg«. Wieder hat Guido Knopp, Leiter der ZDF-Redaktion Zeitgeschichte, das Material zusammengestellt. In sechs Kapiteln, analog zu den sechs Fernsehteilen, werden die entscheidenden Jahre des Krieges, von der Schlacht um Stalingrad bis zur bedingungslosen Kapitulation am 8. Mai 1945 dokumentiert. Das ZDF hat wieder mit dem russischen Fernsehen zusammengearbeitet, deutsche wie russische Historiker leisteten gemeinsam die fachliche Aufarbeitung der dramatischen Ereignisse.

356 Seiten mit über 300 Fotos. Gebunden mit Umschlag.

Guido Knopp · Der verdammte Krieg Das Ende   **01533 0 Club-Preis nur** 39.⁹⁰

Das Begleitbuch zur Fernsehserie im ZDF

1. _____ is a companion book to a television series.

2. _____ talks about the course of the entire war.

3. _____ has the most pictures.

4. The author of _____ collaborated with Russian historians.

5. _____ has time tables showing all the important dates.

6. _____ focuses on the later years of the war from the battle of Stalingrad to the end.

7. _____ has tables and maps.

8. _____ gives a dramatic description of events.

9. _____ is a collection of individual articles.

10. _____ has six chapters.

O. **Schreiben Sie.** You are spending a year studying at the University of Freiburg. Last Saturday sometime between 9 A.M. and noon, a prize-winning poodle was dog-napped from a home near your dormitory. Everyone who lives in the area is a suspect. You need to prove that you did not purloin the pooch. On a separate sheet of paper, prepare your alibi.

1. First, establish where you were. You spent last Saturday doing five errands in town. Make a list of all five places and the approximate times you were there. Write down how you got to each place.

   ■   *9.00, Café, zu Fuß*

2. Then, write two sentences about each place you went. Tell what you did there and mention anyone who saw you there.

   ■ *Um 9.00 Uhr bin ich zu Fuß ins Café gegangen. Dort habe ich ein Brötchen gegessen und eine Tasse Kaffee getrunken. Die Kellnerin hat mich gesehen.*

3. Finally, use your sentences to compose a connected paragraph describing your day. You can use words like **zuerst, dann, zunächst, schließlich,** and **später** to help your paragraph flow better.

   ■ *Zuerst bin ich um 9.00 Uhr zu Fuß ins Café gegangen. Dort habe ich ein Brötchen gegessen und eine Tasse Kaffee getrunken. Die Kellnerin hat mich gesehen. Dann bin ich um 9.45 mit dem Bus zur Buchhandlung gefahren ...*

· K A P I T E L · A C H T ·

An der Uni studieren

ANLAUFTEXT
Ein Gruppenreferat

A. Ergänzen Sie. Complete the sentences with words from the **Anlauftext**.

angefangen • Dozentin • erinnern • freut • fühlt •
genau • herein • kopiert • schaffen • Wichtigste

1. Frau Dr. Osswald ist die _____ für den Betriebswirtschaftskurs.

2. Karl klopft an die Tür; Frau Dr. Osswald sagt: „Ja, _____, bitte."

3. Frau Dr. Osswald kann sich jedenfalls nicht an das Thema

   _____.

4. Karl weiß noch nicht so _____, wie lange das Referat dauern
   wird.

5. Sie müssen sich auf das _____ konzentrieren.

6. Karl sagt, sie haben auch schon Handouts vorbereitet und

   _____.

7. Frau Dr. Osswald sagt, sie _____ sich auf ihr Referat.

8. Nachher ist Karl sehr nervös; er weiß, sie haben noch gar nicht

   _____.

9. Er meint, sie werden die Arbeit bis nächste Woche nie _____.

10. Karl sagt, er _____ sich jetzt schon krank.

B. Referat. Karl had to give a presentation in his class. Think back to a class presentation you have done and answer the following questions about it in German.

1. Karls Thema ist „Die Rolle der Industrie in der Europäischen Union". Was
   war Ihr Thema? _____

   _____

2. Karl diskutiert über sein Referat mit Dr. Osswald in ihrer Sprechstunde. Haben Sie über Ihr Thema mit Ihrem Professor in der Sprechstunde diskutiert? Was haben Sie diskutiert? _____

_____

3. Karl ist krank geworden und musste drei Tage im Bett liegen. Ist eine Person aus Ihrer Gruppe krank geworden? Was hat Ihre Gruppe getan? _____

_____

_____

4. Karl hat maximal 45 Minuten für das Referat. Wie lang war Ihr Referat? _____

_____

5. Karl und Stefan müssen das Referat in einer Woche schreiben. Wie lange haben Sie gearbeitet? _____

_____

C. Ausreden. Which of these excuses sound plausible for the following situations?

Ich habe eine Grippe° gehabt.   *flu*
Ich habe keine Zeit gehabt.
Ich habe Magenschmerzen.
Mein Hund hat meine Hausaufgaben gefressen.
Ich habe einen Muskelkater gehabt.
Ich habe Kopfschmerzen gehabt.
Ich habe mir das Bein gebrochen.

■ Sie haben Ihre Hausaufgaben nicht gemacht.
Mein Hund hat meine Hausaufgaben gefressen. _____

1. Sie kommen sehr spät in eine Vorlesung.

_____

2. Sie sollen in einer Woche ein Referat halten, aber Sie haben sich noch nicht vorbereitet.

_____

3. Sie sind seit drei Wochen nicht in Ihrem Deutschkurs gewesen.

_____

4. Sie kommen 15 Minuten zu spät zur Arbeit.

_____

5. Sie haben vergessen, am Wochenende mit Ihrer jüngeren Schwester ins Kino zu gehen.

_____

6. Sie sollen in drei Tagen eine wichtige Prüfung schreiben und Sie haben noch nichts gemacht.

_____

D. Im Badezimmer. Use **wenn**-clauses to tell how the following people get ready for the day.

■ Reinhold, den Rasierapparat in der Hand haben
Wenn Reinhold den Rasierapparat in der Hand hat, will er sich rasieren.

1. Christa, eine Bürste in der Hand haben

   _____

2. Harold, unter die Dusche gehen

   _____

3. Sylvia, das Badetuch halten

   _____

4. Sabine und Udo, Zahnpasta und Zahnbürste in die Hand nehmen

   _____

5. Fritz, die Seife suchen

   _____

6. Ich, ...

   _____

E. Ein hektischer Morgen. It's Monday morning. Karl, Stefan, and Barbara are leaving the house in a hurry. Use reflexive verbs to describe which part of their morning routine they forgot to do. Then write about a real or fictional hectic morning of your own, telling about three things you forgot to do. Use the conversational past.

Karl	**Stefan**	**Barbara**

_____

_____

_____

F. Was sagen Sie? What would you say in the following situations?

■ Your brother is about to leave for work, but he has forgotten to shave.
Du hast dich nicht rasiert.

1. Your roommate is about to walk out the door with wet hair.

   _____

2. Your roommate has just gotten out of the shower dripping wet and is starting to get dressed.

   _____

3. Your sister is about to leave for a job interview when you notice she has bad breath.

   _____

4. Your brothers have just finished planting some tomatoes. They come in for lunch and you notice their dirty hands.

   _____

5. The two children you are babysitting are about to run into the front yard to play, but you notice that they are wearing their pajamas.

   _____

ABSPRUNGTEXT
Welche Uni ist die beste?

G. Ergänzen Sie. Complete the sentences with these words from the **Absprungtext**.

> außerhalb • Gebiet • Glück • Konzerte • lecker •
> Stunde • problemlos • rechnen • Wartezeit • Zahl

Peter Ohm

1. Mit der Semesterkarte haben Studenten freie Fahrt im ganzen

   Ruhr-_____ .

2. In Dortmund ist das Mensa-Essen ausgesprochen _____ .

3. Highlights sind die _____ in der Westfalenhalle.

Werner Bendix

4. Für ein Zimmer in der Stadt muss man mit 500 Mark Miete _____ .

5. Werner hat als Aushilfepfleger in der Psychiatrie 21 Mark pro

   _____ verdient.

Lutz Harder

6. An der TU Braunschweig hat Lutz Kontakt zu Dozenten auch

   _____ der Sprechstunden.

7. Die _____ für ein Zimmer liegt bei zwei bis drei Semestern.

8. Man braucht Kleingeld und _____ für ein Zimmer auf dem freien

   Markt.

9. Wer Geld verdienen muss, findet außerhalb der Uni _____ einen Job.

10. Aber an der Uni ist die _____ von Hiwi-Stellen begrenzt.

H. Wie ist Ihre Uni? Compare your college to the universities described in the textbook. Answer the questions below in complete German sentences.

1. Peter Ohm sagt, dass die Uni in Dortmund nur 25 Jahre alt ist. Wie alt ist Ihre Uni?

   _____

2. Werner Bendix sagt, dass Mainz eine Pendler-Uni ist. Ist Ihre Uni eine Pendler-Uni, oder wohnen fast alle Studenten in den Wohnheimen? Gibt es genug Parkplätze?

   _____

3. Peter Ohm sagt, dass das Essen in der Mensa in Dortmund ausgesprochen lecker ist. Wie ist das Essen in Ihrer Mensa?

   _____

4. Werner Bendix sagt, dass Zimmer in Mainz rar und teuer sind. Gibt es an Ihrer Uni genug Zimmer in den Studentenwohnheimen? Wie viel kostet ein Zimmer?

   _____

5. Werner Bendix hat Vorlesungen in einem Zelt gehabt. Gibt es an Ihrer Uni genug Hörsäle, oder sind manche Vorlesungen in Zelten?

   _____

6. Die Universitätsbibliothek in Mainz ist vorbildlich. Wie ist die Bibliothek an Ihrer Uni?

   _____

7. In Mainz ist die Mensa noch nicht auf den Ansturm eingestellt. Können alle Studenten an Ihrer Uni in der Mensa essen? Wollen viele Studenten dort essen?

   _____

8. Lutz Harder sagt, dass er mit vielen Dozenten persönlichen Kontakt hat. Ist es an Ihrer Uni schwer, persönlichen Kontakt zu den Dozenten zu haben? Mit welchen Dozenten haben Sie persönlichen Kontakt?

   _____

9. Lutz Harder sagt, dass die Zahl der Hiwi-Stellen in Braunschweig begrenzt ist. Gibt es an Ihrer Uni viele Hiwi-Stellen? Was für Hiwi-Stellen gibt es?

   _____

10. Was für Praktikantenstellen kann man außerhalb Ihrer Uni finden?

    _____

11. Welche Uni ist die beste? Warum?

    _____

I. Wann … ? Use time expressions from the list to answer the following questions. Write complete sentences.

heute Abend • diesen Freitag • heute Nachmittag • morgen früh • im Sommer • in zwei Wochen • in vier Tagen • nächstes Jahr • nächste Woche • übermorgen

■ Alexander ist Student an der Uni in Mainz. Das Semester geht diese Woche zu Ende. Wann fährt er wohl nach Italien?
   Er fährt wohl nächste Woche nach Italien.

1. Ute zieht sich an und sieht, dass sie nur noch zwei Paar Socken hat. Wann wäscht sie wohl die Wäsche?

_____

2. Uwe trinkt die letzte Milch zum Frühstück. Er möchte morgen Milch für seine Cornflakes haben. Wann kauft er wohl ein?

_____

3. Paula hat heute zwei Vorlesungen. Morgen um neun hat sie eine Prüfung. Wann lernt sie wohl?

_____

4. Patrick ist Student und braucht Geld, aber er hat keine Zeit im Semester für einen Job, denn er muss viel lernen. Wann arbeitet er wohl?

_____

5. Emilies BAFöG kommt jeden Monat am fünfzehnten. Heute ist der zweite. Wann bekommt sie wohl ihr Geld?

_____

J. An welcher Uni möchten Sie studieren? The map on page 89 indicates the locations of all the colleges and universities in Germany. Refer to this map to answer the questions.

1. Wo sind die meisten Unis in Deutschland? In Bayern, in Mecklenburg-Vorpommern oder in Nordrhein-Westfalen? _____

2. Sie möchten im Norden an der Ostsee studieren. An welcher Universität wollen Sie studieren? _____

3. Sie kommen aus Köln und möchten eine gute Technische Universität (TU) in der Nähe von Leipzig besuchen. Wo studieren Sie wohl?

_____

4. Sie kommen aus Norddeutschland und möchten in der Nähe von Frankreich und der Schweiz studieren. An welcher Uni studieren Sie wohl?

_____

5. An welcher Uni möchten Sie studieren? Warum? _____

_____

K. An die Zukunft denken. Use **werden** to answer these questions about your future.

1. Was werden Sie morgen machen?

_____

2. Was werden Ihre Dozenten/Dozentinnen am Wochenende machen?

_____

3. Was wird Ihr bester Freund/Ihre beste Freundin nächste Woche machen?

_____

4. Wo werden Sie und Ihre Schwester/Ihr Bruder in drei Jahren arbeiten?

_____

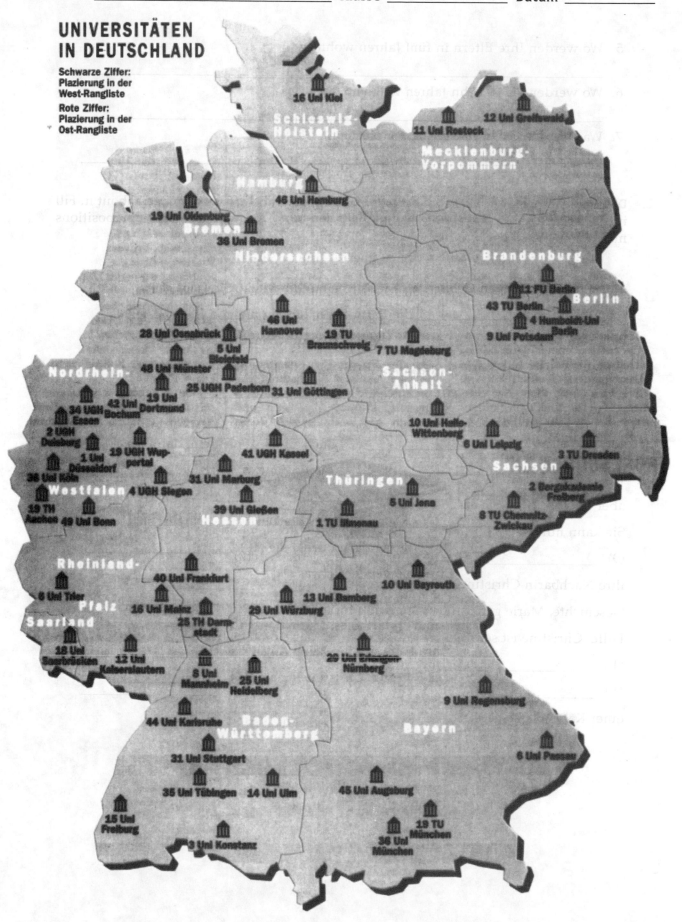

UNIVERSITÄTEN IN DEUTSCHLAND

Schwarze Ziffer:
Plazierung in der
West-Rangliste

Rote Ziffer:
Plazierung in der
Ost-Rangliste

16 Uni Kiel

Schleswig-Holstein

12 Uni Greifswald

11 Uni Rostock

Mecklenburg-Vorpommern

Hamburg

46 Uni Hamburg

19 Uni Oldenburg

Bremen

38 Uni Bremen

Niedersachsen

Brandenburg

11 FU Berlin

43 TU Berlin

Berlin

4 Humboldt-Uni Berlin

9 Uni Potsdam

28 Uni Osnabrück

46 Uni Hannover

19 TU Braunschweig

7 TU Magdeburg

5 Uni Bielefeld

Sachsen-Anhalt

48 Uni Münster

Nordrhein-

25 UGH Paderborn

31 Uni Göttingen

42 Uni Bochum

19 Uni Dortmund

34 UGH Essen

2 UGH Duisburg

19 UGH Wuppertal

1 Uni Düsseldorf

41 UGH Kassel

10 Uni Halle-Wittenberg

6 Uni Leipzig

3 TU Dresden

Sachsen

38 Uni Köln

Westfalen

31 Uni Marburg

Thüringen

2 Bergakademie Freiberg

19 TH Aachen

4 UGH Siegen

49 Uni Bonn

39 Uni Gießen

Hessen

5 Uni Jena

8 TU Chemnitz-Zwickau

1 TU Ilmenau

Rheinland-

6 Uni Trier

Pfalz

40 Uni Frankfurt

10 Uni Bayreuth

16 Uni Mainz

13 Uni Bamberg

Saarland

29 Uni Würzburg

25 TH Darmstadt

18 Uni Saarbrücken

12 Uni Kaiserslautern

29 Uni Erlangen-Nürnberg

8 Uni Mannheim

25 Uni Heidelberg

9 Uni Regensburg

44 Uni Karlsruhe

Baden-Württemberg

Bayern

31 Uni Stuttgart

6 Uni Passau

35 Uni Tübingen

14 Uni Ulm

45 Uni Augsburg

15 Uni Freiburg

19 TU München

3 Uni Konstanz

36 Uni München

5. Wo werden Ihre Eltern in fünf Jahren wohnen?

   _____

6. Wo werden Sie in zehn Jahren wohnen?

   _____

7. Was werden Sie in fünfzig Jahren machen?

   _____

L. Das Geburtstagskind. Maria's birthday is coming up and she's very excited about it. Fill in the appropriate prepositions to complete her story. You will use some prepositions more than once.

an • auf • für • über • um • von • vor

Maria hat übermorgen Geburtstag. Sie wird einundzwanzig. Sie freut sich

schon (1) _____ die Party. Sie hat schon viel mit ihrer besten

Freundin (2) _____ die Party gesprochen. Sie haben alles

geplant. Leider hat Maria morgen eine Prüfung in Geschichte und sie muss

viel lernen, denn sie versteht nicht viel (3) _____ Geschichte.

Die Prüfung handelt (4) _____ dem Zweiten Weltkrieg. Sie

versucht sich (5) _____ das Buch zu konzentrieren, denn sie

weiß, dass sie sich (6) _____ die Prüfung vorbereiten muss,

aber es ist schwer. Sie ist zu gespannt (7) _____ ihre Party.

Sie kann nur (8) _____ die Party denken und sie ärgert sich

(9) _____ die Prüfung. Dann denkt sie (10) _____

ihre Nachbarin Christine. Christine versteht etwas (11) _____

Geschichte. Marie geht zu Christine und bittet sie (12) _____

Hilfe. Christine ist sehr nett und erklärt alles. Maria dankt Christine

(13) _____ ihre Hilfe. Sie hat keine Angst mehr

(14) _____ der Prüfung. Christine hat sie (15) _____

einer Katastrophe gerettet.

M. **Was meinen Sie?** Answer these questions in German. Your answers may be true or fictional.

1. Worauf freuen Sie sich am Freitag?

   _____

2. Wovor haben Sie Angst?

   _____

3. Woran erinnern Sie sich gern?

   _____

4. Worüber möchten Sie mehr wissen?

   _____

5. Wovon erzählen Sie gern?

   _____

> ZIELTEXT
> ## Gespräch auf einer Party

N. **Eigentlich eine ganz gute Party.** You are attending the same party that Anna, Barbara, Karl, and Inge are attending. Below are some statements and questions from the party. Try to keep the conversation going by responding appropriately to the statements with an additional comment or by providing answers to the questions.

■ Eigentlich eine ganz gute Party, findest du nicht auch?
  Ja, die Party ist ganz toll!

■ Die Musik ist ein bisschen lahm.
  Ja, Disko gefällt mir überhaupt nicht. Ich mag lieber alternative Musik.

1. Habt ihr Lust zu tanzen, oder wollen wir einfach so 'ne Weile plaudern°?   *chat*

   _____

2. Ja, die [Studentin] kommt mir bekannt vor.

   _____

3. Kommst du dann auch mal mit in das Seminar?

   _____

4. Der Kurs ist eigentlich ganz interessant.

   _____

5. Hat die [Dozentin] nur eine Sprechstunde in der Woche?

   _____

6. Seht ihr da eure Professoren öfter?

   _____

O. **Kreuzworträtsel.**

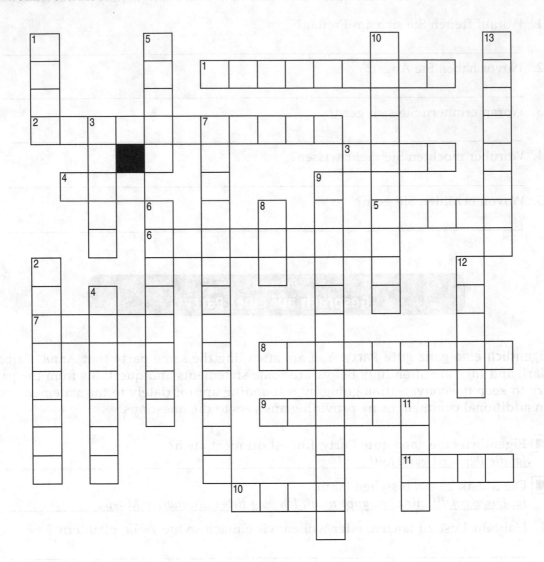

Waagerecht →

1. Klaus hat zu viel Alkohol getrunken. Jetzt muss er sich ____.
2. Rita hat zu viel Tennis gespielt. Jetzt hat sie einen ____.
3. Frank hat einen elektrischen Rasierapparat. Er braucht dafür eine Steck____.
4. Inge fühlt sich nicht wohl. Sie legt sich ____.
5. Hermann hat sich erkältet. Er ist ____.
6. Hedwig will duschen, aber zuerst muss sie sich ____.
7. Jeden Morgen ____ Jörg um sieben Uhr auf.
8. Jessica hat sich erkältet. Die Nase tut ihr weh, denn sie hat ____.
9. Jessicas Gesicht ist auch sehr heiß. Sie hat ____.
10. Jessicas Freunde sagen: „ ____ Besserung!"
11. Jessica kann nicht gut sprechen, denn sie hat auch ____schmerzen.

Name _____ Klasse _____ Datum _____

Senkrecht ↓

1. Egon hat sich die Haare geföhnt. Jetzt braucht er seine Bürste und seinen ____.
2. Henning möchte keinen Bart haben. Er muss sich jeden Tag ____.
3. Monika duscht. Sie wäscht sich mit Wasser und ____.
4. Ingrid hat zu lange geschlafen. Jetzt hat sie wenig Zeit. Sie muss sich ____.
5./6. Ingrid duscht. Dann nimmt sie ihr (6) ____ von dem (5) ____.
7. Ingrid hat zu viel Stress. Sie bekommt ____ und nimmt zwei Aspirintabletten.
8. „Hast du ____ die Hände schon gewaschen?" fragt die Mutter, bevor das Kind isst.
9. Mir tut der Zahn weh. Ich habe ____.
10. Burkhardt hat sich geduscht. Jetzt ist er ganz nass und er muss sich ____.
11. Jessica liegt im Bett. Sie erholt sich. Sie ____ sich aus.
12. Gabriela duscht nicht gern. Sie ____ lieber, denn sie sitzt gern in der Badewanne.
13. Ingrids Mutter fragt: „Was machst du gerade?" Ingrid nimmt einen Lippenstift und sagt: „Ich ____ mich gerade."

P. Lesen Sie. The following paragraphs are taken from a brochure for new students at the University of Tübingen. They explain important terms related to studying at the university. Read them before you answer the questions. You are not expected to understand all the words.

VORLESUNG

Der Lehrstoff wird von Professoren oder Dozenten in Form einer Reihe ausgearbeiteter Vorträge vermittelt. Die Tätigkeit der Studierenden beschränkt sich im wesentlichen darauf, zuzuhören und sich Notizen zu machen. Der Stoff der Vorlesung muß dann später selbst nachgearbeitet werden.

SEMINAR

Veranstaltung, in der unter Anleitung ein bestimmtes Thema erarbeitet wird. Diskussion und intensive Mitarbeit (Referate) prägen diese Veranstaltung. Als Proseminare bezeichnet man die Seminare des Grundstudiums, als Hauptseminare diejenigen des Hauptstudiums und als Oberseminare diejenigen für Fortgeschrittene und Doktoranden.

ÜBUNG

Unterrichtsveranstaltung mit begrenzter Teilnehmerzahl, in der die Studierenden wissenschaftliche Arbeitsmethoden eines Stoffgebiets kennen und anwenden lernen sollen.

TUTORIUM

Arbeitsgruppe in Verbindung mit einer Vorlesung, einem Seminar oder einer Übung in der der Stoff der Unterrichtsveranstaltung vorbereitet oder nachgearbeitet wird. Das Tutorium wird von einem Tutor (Assistent oder Student höheren Semesters) geleitet.

PRAKTIKUM

Als Praktikum bezeichnet man die berufsbezogene praktische Tätigkeit außerhalb der Universität, die in manchen Studienordnungen verbindlich festgelegt ist und entweder vor oder während des Studiums abzuleisten ist.

Kleines Uni-Vokabular. Universität Tübingen.

---

1. In Vorlesungen _____
    a. liest der Professor aus seinen Notizen vor.
    b. lesen Poeten aus ihren Werken.
    c. lesen Studenten viel.

2. In Vorlesungen müssen die Studenten meistens _____
    a. sprechen und teilnehmen.
    b. Referate halten.
    c. zuhören und sich Notizen machen.

3. In einem Seminar konzentriert man sich auf _____
    a. Hausaufgaben.
    b. Diskussion und intensive Mitarbeit.
    c. das Zuhören.

4. Ein Proseminar ist _____
    a. ein Grundkurs für Anfänger.
    b. ein Seminar für Professionelle.
    c. besser als ein Anti-Seminar.

5. Oberseminare sind für _____
    a. Ober, Kellnerinnen, und Restaurateure.
    b. Leute, die wenig Interesse für das Fach haben.
    c. sehr fortgeschrittene Studenten und Doktoranden.

6. In einer Übung bekommen _____
    a. viele Studenten viel Theorie und wenig Praxis.
    b. wenige Studenten Unterricht in wissenschaftlichen Methoden und viel Praxis.
    c. viele Studenten wenig Information über das Fach und keine Praxis.

7. In einem Tutorium wollen Studenten in einer Arbeitsgruppe _____
    a. mit dem Professor/der Professorin oder dem Dozenten/der Dozentin den
       Lehrstoff nacharbeiten°.   *review*
    b. allein den Lehrstoff vorbereiten.
    c. mit einem Tutor den Lehrstoff vor- oder nachbereiten.

8. In English, describe two differences between the University of Tübingen and
   your university or college.

   _____

   _____

   _____

   _____

Q. Schreiben Sie. Next year, an Austrian exchange student will be your roommate. In a
letter the student has asked about your university. He/She would like to know about the
classes and professors, the library, public transportation and parking, and any other important parts of student life. Respond to the student's letter.

1. First, think about what information you want to include in the letter and write down some key words or phrases in German on a separate sheet of paper or use the computer. Try to use words and structures you have learned. Be sure to include information about these topics: die Kurse, die Professoren und Dozenten, die Bibliothek, Parken, das öffentliche Verkehrssystem°.   *public transportation*

2. Then, write a sentence or two about each topic, using your key words and phrases. Again, stick with what you know.

3. Next, combine the sentences on each topic to create coherent paragraphs. Connect the sentences with words and phrases such as **denn, danach, im Sommer** or add sentences to make the information in the paragraphs flow.

4. Begin your letter with the city and date and the following opening sentences. End it with **Dein** or **Deine** and your name. Write on a separate sheet of paper or use the form on page 96.

Detroit, den 28. Januar _____

Liebe _____/Lieber _____,

ich freue mich, dass du nächstes Jahr an unserer Uni studieren wirst. In deinem Brief hast du viele Fragen gestellt. Ich werde versuchen, sie hier zu beantworten.

Dein _____/Deine _____

· K A P I T E L · N E U N ·

Arbeiten und Geld verdienen

ANLAUFTEXT
Ich habe morgen ein Vorstellungsgespräch

A. Barbara erzählt. After getting off the phone with her mother, Barbara tells Anna about her mother's interview. Use the words from the list to complete their conversation.

angerufen • dorthin • bewerben • Job • Trinkgeld • Kinderliteratur • Mitarbeiterin • passiert • Stadtteilbibliothek • Stelle • Vorstellungsgespräch

BARBARA: Du, Anna, meine Mutter hat eben (1) _____!

ANNA: Mitten in der Woche? Was ist (2) _____?

BARBARA: Sie möchte wieder arbeiten. Sie sucht eine (3) _____ und

hat morgen ein (4) _____.

ANNA: Super! Wo?

BARBARA: Bei einer (5) _____ in Dresden. Sie brauchen

dort eine erfahrene (6) _____, die sich mit

(7) _____ auskennt, und das ist ihr Fach.

ANNA: Das ist aber toll! Sag mal, hast du schon einen (8) _____

gefunden?

BARBARA: Nein, noch nicht. Meine Mutter meint, ich soll mich beim

Fremdenverkehrsbüro (9) _____.

ANNA: Ja, das ist eine gute Idee. Die Arbeit ist interessant und man bekommt viel

(10) _____, wenn man gut ist.

BARBARA: Stimmt. Ich gehe morgen (11) _____.

B. Ein Rätsel. Relative pronouns and relative clauses are the key to figuring out the answers to these questions. The following text provides the clues.

Die Frau, die aus Leipzig kommt, ist 25 Jahre alt. Der Student, der 23 Jahre alt ist, kommt aus Dresden. Der Mann, der im Studentenwohnheim wohnt, geht mit Matthias ins Seminar. Die Frau, die aus Bremen kommt, hat drei Schwestern. Die Frau, mit der Kerstin in die Stadt gefahren ist, wohnt bei ihren Eltern. Der Mann, den Heinz gestern in der Buchhandlung getroffen hat, wohnt in seinem Auto. Die Frau, die übermorgen ein Vorstellungsgespräch hat, hat einen großen Garten.

■ Annette kommt aus Leipzig. Wie alt ist sie? _Sie ist 25._

1. Kathrin hat drei Schwestern. Woher kommt sie? _____

2. Matthias geht mit Albert ins Seminar. Wo wohnt Albert?

   _____

3. Bianca hat einen großen Garten. Was macht sie übermorgen?

   _____

4. Gestern hat Heinz Bernd in der Buchhandlung gesehen. Wo wohnt Bernd?

   _____

5. Carola und Kerstin sind gestern zusammen in die Stadt gefahren. Wo wohnt

   Carola? _____

6. Christoph kommt aus Dresden. Wie alt ist er? _____

C. **Definitionen.** Use relative clauses and the verbs from the list to explain each profession in German. You may use some verbs more than once.

arbeiten • backen • helfen • machen • planen • reparieren •
schneiden • schreiben • unterrichten • verkaufen

■ Friseur
   Ein Friseur ist ein Mann, der Haare schneidet.

1. Automechaniker

   _____

2. Köchin

   _____

3. Bäcker

   _____

4. Krankenpfleger

   _____

5. Apothekerin

   _____

6. Ingenieurin

   _____

7. Programmierer

   _____

8. Maklerin

   _____

9. Lehrer

   _____

10. Beamtin

   _____

ABSPRUNGTEXT
Richtig bewerben: Vorstellungsgespräch

D. Ratschläge geben. Your friend has a job interview next week and is not sure how to approach it. Give some good advice about what to do or not to do. Mention four things from the article and add one idea of your own. Some key phrases are listed here to help you.

alte Jeans tragen • früh ins Bett gehen • Fragen stellen • Interesse zeigen •
sich über den Betrieb informieren • sich verschließen • zu spät kommen

■ *Trag keine alten Jeans.* _____

1. _____

2. _____

3. _____

4. _____

5. _____

E. Ergänzen Sie. Complete the sentences with these words from the **Absprungtext**.

abbauen • Abschluss • am liebsten • Bewerber • fragt nach • informiert •
Jugendliche • Personalchef • Verständnis • Weiterbildung°   *further education*

1. Man kann die Aufregung vor einem Interview _____.

2. Man soll sich dem _____ vom Betrieb nicht in Jeans
   präsentieren.

3. Es ist wichtig zu zeigen, dass man sich _____ hat und gezielt
   fragen kann.

4. Aufregung: das Herz pocht und man wäre _____
   _____ ganz woanders.

5. Die Betriebe suchen ganz normale _____ für die Ausbildung.

6. Jochen Turbankski ist der Leiter der Aus- und _____ bei der
   STILL-GmbH.

7. Wichtig ist vor allem, dass er sich mit dem _____ unterhalten kann.

8. Er hofft, der Jugendliche _____ _____, wenn er
   etwas nicht verstanden hat.

9. Wer Interesse hat und in der Ausbildung lernt, schafft später den
   _____.

10. Jeder hat _____ dafür, wenn ein Bewerber aufgeregt ist und
    das auch sagt.

F. **Das deutsche Schulsystem.** Complete the paragraph about the German school system by supplying the appropriate adjective endings.

Es gibt drei verschiedene Arten von Schulen in Deutschland. Die Hauptschule ist

eine (1) praktisch_____ Schule. Dort bekommen die Schüler und Schülerinnen eine

(2) fünfjährig_____ Ausbildung. Die Realschule ist eine (3) mittler_____ Schule, wo

man eine (4) technisch_____ Ausbildung bekommen kann. Ein (5) diszipliniert_____

Schüler kann nach der Realschule eine (6) interessant_____ Praktikantenstelle

finden. In der Realschule wird man Lehrling oder Azubi. Ein (7) motiviert_____

Lehrling kann später einen (8) gut_____ Job bekommen. Das Gymnasium ist

eine (9) akademisch_____ Schule, wo die Schülerinnen und Schüler eine sehr

(10) gründlich_____ Ausbildung bekommen. Nach dem Gymnasium kann ein

(11) begabt_____ Schüler an der Uni studieren.

G. **Was ich gern habe.** Complete the sentences to tell about what you like to do. Choose from the words in the list or use your own ideas. Use an adjective in each answer.

Auto • Bier • Brief • Buch • Cola • Fahrrad •
Film • Freund • Gedicht • Konzert • Milch • Musik •
Park • Schwester • Stadt • Symphonie • Theaterstück •
Wurst • Zeitschrift • Zeitung

alt • amerikanisch • deutsch • heiß • historisch •
interessant • kalt • kanadisch • kurz • lang •
langsam • langweilig • laut • modern • neu •
schnell • sympathisch • warm

■ Wenn ich müde bin, höre ich gern _____*klassische Musik*_____.

1. Wenn es kalt ist, trinke ich gern _____.

2. Am Abend sehe ich gern _____.

3. Ich lese gern _____.

4. Wenn ich Freizeit habe, schreibe ich gern _____.

5. Wenn ich großen Hunger habe, esse ich gern _____.

6. Morgens höre ich gern _____.

7. Wenn ich Geld habe, kaufe ich gern _____.

8. Wenn ich Durst habe, trinke ich gern _____.

9. Wenn ich _____.

10. An der Uni _____.

H. Norberts Vorstellungsgespräch. Norbert had a job interview yesterday that went very badly. Now he is telling his roommate that the unfortunate circumstances of that day are to blame. Supply the adjectives from the list with their correct endings to complete his tale.

alt • blöd • dumm • erst • kurz • langsam • unfreundlich • unsympathisch

Das Gespräch ist sehr schlecht verlaufen°, aber es war nicht meine Schuld°.   *went / fault*

Zuerst hat die (1) _____ Dusche nicht richtig funktioniert und

ich habe mir die Haare nicht waschen können. Dann war der neue Anzug nicht

sauber und ich habe den (2) _____ Anzug tragen müssen.

Deshalb habe ich nicht so gut ausgesehen. Mein Auto war natürlich kaputt. Ein

schnelles Taxi war zu teuer und ich bin mit einem (3) _____

Bus gefahren. Also bin ich zu spät angekommen. Das war alles nicht ganz so

schlimm, aber dann habe ich mich im Büro auf einen alten Stuhl gesetzt. Der

(4) _____ Stuhl ist zusammengebrochen und ich bin auf den

Boden gefallen. Der Interviewer war ein sehr (5) _____ Mann.

Er hat gelacht. Ich habe mit dem (6) _____ Interviewer Pech

gehabt. Ich war natürlich sehr nervös und die (7) _____ Frage

war sehr schwierig. Ich habe die Antwort nicht gewusst und bin davongelaufen.

Nach dem (8) _____ Gespräch habe ich Kopfschmerzen gehabt.

Ja, das Gespräch ist nicht besonders gut gegangen. Ich glaube, ich werde die Stelle

nicht bekommen.

I. Zwei Familien. Use the comparative forms of the following adjectives to compare the Daspel family to the Ketzel family.

Familie Daspel

Familie Ketzel

■ alt
Herr Daspel ist älter als Herr Ketzel. (or)
Familie Ketzels Auto ist älter als Familie Daspels Auto.

1. billig _____
2. glücklich _____
3. groß _____
4. jung _____
5. klein _____
6. schön _____
7. teuer _____
8. neu _____
9. ? _____

J. **Wer ist wer?** Use superlatives to nominate someone in your German class to be the best in each category and give a reason for your choice.

■ selbständig
Gina ist die selbstständigste Studentin, weil sie alles selber macht. (oder)
Gina ist am selbstständigsten, weil sie alles selber macht.

1. dynamisch _____
2. motiviert _____
3. diszipliniert _____
4. begabt _____
5. zuverlässig _____
6. pünktlich _____
7. kollegial _____
8. analytisch _____
9. kontaktfreudig _____
10. gründlich _____

ZIELTEXT
Das Vorstellungsgespräch in der Bibliothek

K. **Frau Müller schreibt eine Postkarte.** After her job interview, Frau Müller wrote a postcard to her daughter Barbara to let her know how it went. What did she say? Complete the following sentences to finish her postcard.

Liebe Barbara,

ich habe heute mein Vorstellungsgespräch
gehabt, und es ist gut gegangen.

Die Interviewerin war _____
_____

Wir haben über _____
_____ diskutiert.

Ich glaube, meine Chancen
sind _____.

Ich hoffe, _____
_____.

Deine Mutti

Frau Barbara Müller
Uhlandstraße 8
72072 Tübingen

L. Kreuzworträtsel.

Waagerecht →

1. Eine Frau, die Porsche und BMWs repariert, ist eine ____mechanikerin.
2. Eine Frau, die Computerprogramme schreibt, ist eine ____.
3. Ein Mann, der das Essen in einem Restaurant serviert, ist ein ____.
4. Eine Person, die sich über Kontakt mit anderen freut, ist ____.
5. Einen Boss nennt man auch „____".
6. Eine Frau, die dem Boss hilft, ist eine ____.
7. Eine Frau, die an einer Schule unterrichtet, ist eine ____.
8. Ein Mann, der gute Ratschläge gibt, ist ein ____.
9. Ein Doktor für Hunde und Katzen ist ein ____ arzt.
10. Eine Person, die viel Talent hat, ist sehr be____.
11. Ein Mann, der Medizin verkauft, ist ein ____.

Senkrecht ↓

1. Einen Doktor nennt man auch ____.
2. Der Mann, der das Essen in einem Restaurant macht, ist der ____.
3. Eine Frau, die Häuser verkauft, ist eine ____.
4. Eine Person, die alles sehr genau und richtig macht, ist sehr ____.
5. Eine Person, die nie zu spät kommt, ist immer ____.
6. Eine Person, die immer tut was sie sagt, ist ____.
7. Ein Mann, der kranken Leuten hilft, aber kein Arzt ist, ist ein ____.
8. Ein ____ kann ein Gebäude oder eine Brücke planen.
9. Einen Metzger nennt man auch ____.
10. Eine Person, die alles gern analysiert, ist sehr ____.
11. Ein Geschäftsmann ist ein ____.
12. Johnnie Cochran war ein ____ anwalt für O.J. Simpson.

M. Lesen Sie. Read the advertisements from the help wanted **(Stellenmarkt)** section of the *Badische Zeitung* and answer the questions.

A

Aufstrebende Unternehmensberatung sucht zum Beginn des neuen Jahres zur Verstärkung ihres Teams tatkräftige Unterstützung im Bereich Chefsekretariat und Empfang.

- Sie sind teamorientiert und in der Lage eigenständig zu arbeiten.
- Sie sind selbstbewußt und zuverlässig.
- Sie haben ein freundliches Wesen und trauen es sich zu, dies auch unseren Kunden zu vermitteln.
- Ihnen sind moderne Bürokommunikationsformen und -techniken nicht fremd, und Sie verfügen über detaillierte Kenntnisse im Bereich Terminkoordination.

Wir erwarten Ihre Bewerbung unter Chiffre-Nr. 5384727 an diese Zeitung.

B

Am Institut für Mineralogie, Petrologie und Geochemie der Universität ist baldmöglichst die Stelle des / der

Institutssekretär/in

zu besetzen.

Bezahlung nach BAT VII/VI b.

Es handelt sich um eine Ganztagsstelle, die Verwaltungstätigkeiten sind vielseitig und umfassend. Erfahrung in öffentl. Verwaltung und Sekretariat sind erwünscht, ebenso Grundkenntnisse in Textverarbeitung und englischer Sprache.

Bewerbungen erbeten an:
Geschäftsf. Direktor, Institut für Mineralogie, Petrologie und Geochemie, 79104 Freiburg, Albertstr. 23 b

C

Wir sind ein Unternehmen, das im Auftrag der pharmazeutischen Industrie medizinisch-biologische Daten aufbereitet und analysiert.

Für unsere Datenerfassung suchen wir ab sofort und zunächst befristet bis Ende 1996 eine/n

DATENTYPISTEN/IN

Wir bieten leistungsgerechte Bezahlung und flexible Arbeitszeit in einem sympathischen jungen Team.

Wenn Sie an dieser Tätigkeit Interesse haben, senden Sie bitte Ihre Bewerbungsunterlagen an:

DATAMAP GmbH
Lörracher Straße 16
79115 Freiburg
Telefon 07 61/45 20 80

1. For which job(s) would you need to know English?

   _____

2. List at least three personal characteristics needed for the job **Chefsekretariat**.

   _____

3. Which ads explicitly state that job applicants need to work well with a team?

   _____

4. Which job might someone with an interest in geology apply for?

   _____

5. Which position(s) require word processing skills?

   _____

6. Which job offers flexible work hours?

   _____

7. Which job would you apply for? Why?

   _____

N. Schreiben Sie. You are completing a one-year internship with a German company. One of your last tasks is to find someone to replace you when you return home. The job involves business correspondence in English and German. You assist several people and have to work productively with all of them. You also work independently on your own about half the time. On a separate sheet of paper, write a want-ad describing at least three characteristics of the ideal candidate for your job. Keep the text to no more than 120 words.

_____

_____

VORSPRUNG Arbeitsbuch

·KAPITEL·ZEHN·

Fest- und Feiertage

ANLAUFTEXT
Aschenputtel

A. Ergänzen Sie. Complete the sentences with these words from the **Anlauftext**.

Braut • erkannte • Ferse • Grab • Herd • Silber • wünschte • Zehe

1. Das Kind durfte nicht in einem Bett schlafen, sondern musste sich neben den
   _____ in die Asche legen.

2. Aschenputtel pflanzte den Zweig auf das _____ ihrer Mutter.

3. Wenn das Mädchen sich am Grab etwas _____, so gab ihm
   das Vögelchen, was es sich gewünscht hatte.

4. „Rüttel dich und schüttel dich, wirf Gold und _____ über
   mich!"

5. Die Mutter reichte der ältesten Schwester ein Messer und sagte: „Schneide die
   _____ ab!"

6. Die jüngere Schwester probierte den Schuh an, aber ihre
   _____ war zu groß.

7. Als der Königssohn Aschenputtel ins Gesicht sah, _____ er
   das schöne Mädchen vom Fest wieder.

8. Der Königssohn nahm Aschenputtel zur _____ und ritt mit
   ihr fort.

B. Die Bremer Stadtmusikanten, Teil 1. Supply the narrative past forms of these regular
(weak) verbs to complete the first half of this well-known **Märchen**. The numbers in
parentheses indicate how many times to use each verb.

antworten (2x) • arbeiten (1x) • fragen (2x) • hören (2x) • klettern° (1x) • *to climb*
legen (1x) • marschieren (2x) • miauen (1x) • sagen (5x)

Es war einmal ein alter Esel°, der nicht mehr gut (1) _____*arbeitete*_____.   *donkey*

Sein Herr hatte nicht viel Geld und wollte ihn töten°. Der Esel fand diese   *to kill*

Idee unattraktiv und (2) _____ „Ich will nicht sterben°! Ich   *to die*

gehe nach Bremen und werde Stadtmusikant. Ich kann ja so schön singen." Auf

dem Weg nach Bremen sah er einen traurigen Hund. Er (3) _____

den Hund „Warum bist du so traurig?" Der Hund (4) _____:

„Ich bin alt und kann nicht mehr schnell laufen, und jetzt will mein Herr

mich töten. Ich will aber nicht sterben." „Das ist nicht so schlimm",

(5) _____ der Esel, „komm doch mit mir nach Bremen und

werde Stadtmusikant." Der Hund (6) _____ ja, und die zwei

Tiere (7) _____ weiter. Bald (8) _____ sie

eine Katze, die sehr traurig (9) _____. Der Esel

(10) _____: „Was ist los? Warum miaust du so traurig?" „Ach",

(11) _____ die Katze, „ich bin alt und kann nicht mehr Mäuse

fangen, und meine Frau will mich jetzt töten. Ich will aber nicht sterben!" „Das ist

nicht so schlimm (12) _____ der Esel. Komm doch mit uns nach

Bremen. Wir werden Stadtmusikanten, und das kannst du auch." „Ja, gern",

(13) _____ die Katze, und die drei Tiere (14) _____

zusammen weiter. Bald (15) _____ sie einen Hahn° traurig   *rooster*

krähen°. Er war auch sehr alt, und seine Frau wollte ihn in der Suppe essen.   *crow*

Er ging auch mit nach Bremen. Am Abend kamen sie in einen großen dunklen

Wald. Der Esel und der Hund (16) _____ sich unter einen Baum.

Die Katze (17) _____ auf den Baum hinauf.

C. **Die Bremer Stadtmusikanten, Teil 2.** Supply the narrative past forms of these irregular (strong) verbs to complete the rest of the story. The numbers in parentheses indicate how many times to use each verb.

> an•fangen (1x) • essen (2x) • finden (1x) • fliegen (1x) • gehen (2x) •
> kommen (1x) • laufen (1x) • sehen (1x) • sitzen (1x) • stehen (4x)

Der Hahn (1) _____*flog*_____ auf die Spitze° des hohen Baums. Von dort   *peak*

aus (2) _____ er das Licht eines Hauses in der Ferne. Er erzählte

den anderen Tieren davon, und sie (3) _____ durch den Wald, um

das Haus zu finden, denn es war kalt. Als sie das Haus (4) _____,

schaute der Esel durch das Fenster. Räuber° (5) _____ im   *robbers*

Haus um einen großen Tisch herum und (6) _____ ein großes

Abendessen. Die Tiere waren hungrig und diskutierten, wie sie das Essen

bekommen konnten. Sie machten einen Plan. Der Esel (7) _____ am Fenster. Der Hund (8) _____ auf dem Esel. Die Katze

(9) _____ auf dem Hund und der Hahn (10) _____

auf der Katze. Dann (11) _____ sie alle _____,

zusammen zu singen. Die Räuber waren so überrascht° und erschrocken°,   *surprised/*

dass sie sehr schnell aus dem Haus in den dunklen Wald (12) _____.   *startled*

Die Tiere (13) _____ in das Haus und (14) _____

alles, was auf dem Tisch geblieben war. Dann legten sie sich hin zum Schlafen.

Um Mitternacht (15) _____ die Räuber zurück, denn sie wollten

sehen, wer oder was in ihrem Haus war. Die Tiere wachten auf und jagten die

Räuber wieder weg. Dann lebten sie glücklich zusammen in dem Haus.

D. Interpretation. Answer the questions about the **Bremer Stadtmusikanten** in complete German sentences.

1. Warum wollten die Tiere Stadtmusikanten in Bremen werden? _____

_____

2. Warum wollten die Tiere das Haus im Wald finden? _____

_____

3. Warum liefen die Räuber weg, als sie die Tiere singen hörten? War die Musik

schön? _____

_____

4. Was, glauben Sie, machten die Räuber am nächsten Tag? _____

_____

5. Was meinen Sie? Was sagten die Räuber, als ihre Freunde fragten, warum sie

nicht mehr in dem Haus im Wald wohnten? _____

_____

E. Teenager sein. Use the narrative past of **wollen, sollen, dürfen, können,** and **müssen** to tell about five things you wanted to do, were allowed to do, could do, were supposed to do, or had to do when you were about 15 years old. Use ideas and phrases from the list or use your own, and give reasons.

am Wochenende	ausgehen/zu Hause bleiben
im Winter/Sommer	früh/spät ins Bett gehen
freitags	früh aufstehen/lang schlafen
nach der Schule	arbeiten/Tennis (Fußball usw.) spielen
als ich 15 war	mit dem Auto oder Bus fahren
am Abend	mit meiner Familie/meinen Freunden ausgehen

KAPITEL ZEHN   Workbook   **109**

■ *Ich wollte im Winter immer früh ins Bett gehen, aber ich musste immer spät ins Bett gehen, weil ich immer viele Hausaufgaben hatte.*

1. _____

_____

2. _____

_____

3. _____

_____

4. _____

_____

5. _____

_____

> **ABSPRUNGTEXT**
> **Braunwald autofrei: Ein Wintermärchen ... hoch über dem Alltag**

F. Ergänzen Sie. Complete the sentences with these words from the **Absprungtext**.

Anfänger • Angst • Herzlichkeit • Massen •
Schlitten • Schock • Tal • Wunder

1. Unten im _____ steigen Menschen aus dem Unterland in das Bähnli.

2. Im Bähnli findet das _____ des Wandels statt.

3. Der Postbote bringt die Morgenzeitung auf seinem _____.

4. Es ist zuerst ein richtiger _____, dass man keine Autos in Braunwald hört.

5. Schlittelnde Kinder haben keine _____ vor Autos.

6. Es gibt Pisten für die ehemaligen Skistars und für die ewigen _____.

7. „Hoch über dem Alltag" finden Sie noch Naturschönheit, _____ und Lebensfreude.

8. Braunwald ist nichts für die _____, sondern für echte Genießer.

G. Die tollen Tage. David, a German major, is writing a report about his experiences as an exchange student in Germany. Supply the past perfect forms, e.g., **war gegangen**, of the verbs in the list to complete his story about the **Karneval**.

ab•schneiden • an•fangen • essen • sehen •
sprechen • tanzen • trinken • erzählen

Als ich in Deutschland war, habe ich Karneval gefeiert. Das war toll. Nachdem die

Karnevalssaison (1) _____ _____, habe ich viele

interessante Dinge gesehen, besonders an Altweiberfastnacht. Nachdem

drei Frauen ein Stück von meiner Krawatte (2) _____

_____, habe ich keine Krawatte mehr gehabt. Zum Glück hatte

mir ein Freund von dieser alten Tradition (3) _____, und ich habe

an dem Tag eine sehr alte Krawatte getragen. Dieser Freund war auch Mitglied

einer Narrengesellschaft und hat mich zur Kappensitzung eingeladen. Wir haben

getanzt, nachdem der Narrenkönig (4) _____ _____.

Nachdem mein Freund mit der Narrenkönigin (5) _____

_____, habe ich auch mit ihr getanzt. Das hat mir Spaß gemacht.

Nachdem ich am Rosenmontag den Umzug in Köln (6) _____

_____, bin ich am Karnevalsdienstag auf eine große Party

gegangen, und nachdem ich dort die ganze Nacht (7) _____ und

(8) _____ _____, habe ich am Aschermittwoch den

ganzen Tag geschlafen.

H. Ein schlechter Tag. Complete the sentences to tell about a real or fictional bad day. Use some of the phrases from the list and some of your own ideas and write sentences in the narrative past.

aus dem Bett fallen • kaputt sein • kein Geld haben •
keinen Sitzplatz bekommen • Kopfschmerzen haben •
nicht richtig funktionieren • saure Milch trinken

■ Als ich aufgestanden bin, *hatte ich Kopfschmerzen* _____.

1. Als ich frühstücken wollte, _____.

2. Als ich aus dem Haus ging, _____.

3. Als ich zur Arbeit fahren wollte, _____.

4. Als ich einen Hamburger zum Mittagessen kaufen wollte, _____

_____.

5. Als ich mit dem Bus nach Hause fuhr, _____.

6. Als ich einen Film im Fernsehen sehen wollte, _____

_____.

7. Als ich schlafen gehen wollte, _____.

I. **Eine Ferienreise planen.** Rita, Emmy, and Bruno are planning to take a trip together during their winter vacation. Use **wenn, wann, ob,** and **als** to complete their conversation.

RITA: Na, ihr zwei – (1) _____ wollen wir unsere Ferienreise machen?

BRUNO: Ich weiß nicht, (2) _____ ich mitfahren kann. Ich muss ein Examen schreiben.

EMMY: (3) _____ musst du das Examen schreiben?

BRUNO: Erst im März, aber ich muss viel lernen.

RITA: (4) _____ wir im Februar wegfahren, ist das doch kein Problem!

BRUNO: Ja, O.K., fahren wir im Februar. Wollt ihr in die Schweiz fahren?

RITA: Die Schweiz ist teuer. Ich weiß nicht, (5) _____ ich genug Geld habe.

EMMY: Ich möchte Ski laufen, und (6) _____ wir in einer Jugendherberge übernachten, ist es nicht so teuer.

RITA: Ja, das stimmt. Was meinst du, Bruno?

BRUNO: Ich weiß nicht, (7) _____ ich Ski laufen möchte. (8) _____ mein Bruder letztes Jahr Ski gelaufen ist, hat er sich das Bein gebrochen.

EMMY: Ach, Bruno, für die Prüfung brauchst du deine Beine doch nicht! Du brauchst nur deinen Kopf!

RITA: Stimmt. Also, fahren wir in die Alpen. Aber (9) _____ fahren wir genau – in der dritten oder in der vierten Februarwoche?

J. **Meine Heimat.** Use the genitive case to describe the most notable features of your hometown, state, or province.

■ Fluss, lang (Bundesland/Provinz)
Der längste Fluss meines Bundeslandes/meiner Provinz ist (der Mississippi).

■ Fluss, lang (Name Ihres Bundeslandes/Ihrer Provinz)
Der längste Fluss (Minnesotas) ist (der Mississippi).

1. Stadt, groß (Bundesland/Provinz)

   _____

2. Industrie, wichtig (Name Ihres Bundeslandes/Ihrer Provinz)

   _____

3. Hauptstadt (Name Ihres Bundeslandes/Ihrer Provinz)

   _____

4. Berg, hoch (Bundeslandes/Provinz)

   _____

5. Tal, bekannt (Name Ihres Bundeslandes/Ihrer Provinz)

   _____

6. Städte, groß (Bundesland/Provinz)

   _____

7. See, bekannt (Bundesland/Provinz)

   _____

8. Person, bekannt (Heimatstadt)

   _____

K. Feste und Feiertage. Use the genitive case to tell about holidays in German-speaking countries.

■ der Besuch, der Weihnachtsmann, 25. Dezember
Der Besuch des Weihnachtsmanns ist am 25. Dezember. _____

1. das Ende, die Karnevalssaison, Aschermittwoch

   _____

2. der Tag, die Arbeit, 1. Mai

   _____

3. der Tag, die Einheit, 3. Oktober

   _____

4. das größte Fest, die Stadt München, Oktoberfest

   _____

5. die Spezialität, das Bierzelt, eine Maß Bier

   _____

6. das Ende, die Fastenzeit, Ostern

   _____

7. das Ende, das Jahr, Silvester

   _____

8. der Anfang, das Jahr, Neujahr

   _____

> **ZIELTEXT**
> **Stefans Puddingschlacht**

L. Ergänzen Sie. Complete the sentences with these words from the **Zieltext**.

Betreuer • doch mal • entweder • Katastrophe • Planung •
Reiseleiter • Speisesaal • Tourismus • zum Teil • zunächst

1. Ich habe als Student im _____ gearbeitet und eine Gruppe mit

   dem Bus nach Frankreich gebracht.

2. Das waren also Schüler, Studenten, auch _____

   _____ etwas ältere Leute.

3. Es gab _____ französische Küche und im Anschluss dann

   einen Pudding.

4. Und einer sagte also: „Heh, wirf _____ _____

   den Pudding rüber!" und er hat das dann auch gemacht.

5. Es kam zu einer richtigen Puddingschlacht im _____ .

6. Und da gab's nur zwei Möglichkeiten, _____ mitmachen oder sich unter dem Tisch verstecken.

7. Das war nicht so toll. Auch eine _____ im Urlaub.

8. Warst du da allein verantwortlich als _____, oder?

9. Nein, es waren zwei _____, und wir mussten dann ein Programm zusammenstellen für insgesamt zwei Wochen.

10. Also ihr habt die _____ von A bis Ende?

M. Kreuzworträtsel.

Waagerecht →

1. Die Dufourspitze in Wallis ist der höchste ____ der Schweiz.
2. Zürich ist die größte ____ der Schweiz.
3. Mainau ist eine ____ im Bodensee.
4. Ein sehr kleiner Mann ist ein ____.
5. Der Vater eines Prinzen ist ein ____.
6. Der Gotthardpass ist der bekannteste ____ der Schweiz.
7. Rotkäppchens Großmutter wohnte in einem großen dunklen ____.
8. Schneewittchen starb, weil sie einen ____ en Apfel gegessen hatte.
9. Schneewittchens ____ gab ihr den Apfel.

10. Ein kleines grünes Tier, das im Wasser wohnt, ist ein ___.
11. Das Matterhorn in Wallis ist der bekannteste ___ der Schweiz.
12. Der Genfersee ist der größte ___ der Schweiz.
13. Die böse Königin hat Schneewittchen in ihrem Zauber___ gesehen.

Senkrecht ↓

1. Der Rhein ist der längste ___ der Schweiz.
2. Eine Prinzessin ist eine ___.
3. Eine böse ___ wollte Hänsel essen, aber Gretel hat ihn gerettet.
4. Die ___ der Schweiz hat drei Teile: Jura, Mittelland und Alpen.
5. Das Rhônetal ist das wichtigste ___ der Schweiz.
6. Bern ist die ___ der Schweiz.
7. Die Schweiz hat eine ___ mit Frankreich, Italien, Liechtenstein, Österreich und Deutschland.
8. Eine gute ___ hilft Aschenputtel in der amerikanischen Version des Märchens.
9. Graubünden ist der größte ___ der Schweiz.
10. Ein ___ sucht und schießt Tiere.

N. Lesen Sie. Read the text about Braunwald and answer question 1 in English and questions 2–3 in German.

SOMMERTRAUM

ES WAR EINMAL...

Es war einmal ein wunderschönes
Bergdorf hoch über dem Alltag mit Bauern
und Kühen und Pferden.
Die Bauern bauerten und die Kühe
gaben Milch, und die Pferde zogen Kutschen
mit gutgelaunten Menschen durch eine
unverschandelte Landschaft.
Denn in dem Dörfchen mit dem
märchenerzählenden Hoteldirektor,
hatte man in der guten alten Zeit
die Zukunft verschlafen.
So konnte kein einziges der vielen,
vielen Autos auf der Welt bis nach
Braunwald fahren. Die Luft blieb so klar,
wie sie immer gewesen war. Die Wiesen
blieben grün und die Berge blieben schön.
Die Kinder im Märchenhotel brauchen keine
Angst vor dem Verkehr zu haben.
Heute sind die Leute auf der
Bergstrasse froh, dass sie nur ein Bähnli
in die Zukunft haben.

1. Use the reading strategies you have learned, and make guesses about the meanings of the words printed in bold.

Kutschen mit **gut gelaunten** Menschen _____

durch eine **unverschandelte** Landschaft _____

in dem Dörfchen mit dem **Märchen erzählenden** Hoteldirektor _____

2. Es gibt keine Autos in Braunwald. Was sind drei Vorteile von einem autofreien Dorf?

_____

_____

_____

3. Ist Braunwald modern oder altmodisch? Woher wissen Sie das?

_____

_____

_____

O. Schreiben Sie. During your spring break you are taking a short trip to Switzerland. You decide to send a card to a German-speaking friend. Tell him/her about your trip and how you spent the Easter or Passover holidays. Ask a few questions, too.

_____

_____

_____

_____

_____

_____

_____

_____

_____

_____

_____

_____

_____

_____

·KAPITEL·ELF·
Geschichte und Geographie

ANLAUFTEXT
Was würdest du dann vorschlagen?

A. Ergänzen Sie. Complete the sentences with these words from the **Anlauftext**.

ahnen • entschuldigen • frustrierend • lebendiger • Mitte •
Regierungsviertel • Tor • warnen • wegen • Wunsch

1. Anna kommt später als erwartet nach Hause und will sich bei Onkel Werner

   _____.

2. Annas erster Tag in Berlin war interessant aber _____.

3. Der Reichstag war heute _____ Umbauarbeiten geschlossen.

4. Dann ist Anna zum Brandenburger _____ gelaufen.

5. Onkel Werner meint, er hätte Anna _____ sollen.

6. Sie könnten am Nachmittag zusammen Berlin-_____ sehen.

7. Anna möchte auch sehen, wo das neue _____ entsteht.

8. Dann hat sie noch einen _____: nach der Philharmonie will
   sie zum Prenzlauer Berg fahren.

9. Werner meint, am Wochenende ist die Clubszene viel _____.

10. Wenn Anna erklärt, dass sie mit dem jungen Mann verabredet ist, sagt Werner
    „Aha", aber er denkt: „Ich hätte das gleich _____ sollen."

B. Was würden Sie in Berlin machen? How much would you like to do these activities in
Berlin?

sehr gern • gern •
nicht besonders gern • überhaupt nicht gern

■ die Mauerreste besichtigen
Ich würde sehr gern die Mauerreste besichtigen.

1. auf dem Kurfürstendamm einen Bummel machen

_____

2. sich die Kunst auf der Museumsinsel anschauen

_____

3. sich mit neuen Bekannten für einen Theaterabend verabreden

_____

4. sich mit anderen Ausländern treffen

_____

5. im Wannsee schwimmen gehen

_____

6. in Kreuzberg ein türkisches Lokal aufsuchen

_____

7. in Ost-Berlin nach Resten des kommunistischen Regimes suchen

_____

8. die Nacht in einem Techno-Club durchmachen

_____

C. Das wäre prima! You and a friend are visiting Berlin. Your friend spent the entire train trip reading various guide books and tourist information brochures. Now your friend has lots of suggestions about where to go and what to see. Use the subjunctive with some of the expressions below to indicate your preferences politely.

> sein: faszinierend • interessant • langweilig • super • toll • uninteressant • zu teuer
>
> haben: (kein) Interesse daran • (keine) Lust dazu

■ Wir könnten heute in die Philharmonie gehen.
Das wäre zu teuer. (oder)
Dazu hätte ich keine Lust.

1. Wir könnten morgen Mauerreste suchen.

_____

2. Wollen wir heute einen Bummel auf dem Kurfürstendamm machen?

_____

3. Fahren wir doch zum Brandenburger Tor!

_____

4. Möchtest du übermorgen ins Ägyptische Museum gehen?

_____

5. Wir könnten am Samstag die Museumsinsel besuchen.

_____

6. Wollen wir auf den Fernsehturm Kaffee trinken gehen?

_____

7. Am Sonntag könnten wir nach Potsdam fahren.

_____

8. Ich möchte das neue Regierungsviertel sehen.

_____

D. Gute Ratschläge geben. You are the advice columnist for the German Club newspaper. This week, you have several letters from students with problems. Use subjunctive forms of **können** to give two pieces of common-sense advice to each one. Since these are fellow students, use **du**.

1. Ich habe Liebeskummer! Meine Freundin ruft mich nie an. Was soll ich tun?

_____

_____

2. Ich bin ein Student im ersten Jahr. Ich werde immer dicker. Das Essen in der Mensa schmeckt so gut, dass ich sehr viel davon esse. Was kann ich tun?

_____

_____

3. Hilfe! Meine Noten sind sehr schlecht. Ich bin intelligent, aber ich habe keine Zeit zum Lernen. Ich verbringe jeden Abend in der Clubszene. Meine Eltern sind sehr unzufrieden mit meinen Leistungen. Was soll ich machen?

_____

_____

4. Ich wohne mit drei anderen Studentinnen zusammen in einer sehr kleinen Wohnung. Nachts kann ich nicht schlafen. Die eine spielt das Radio sehr laut. Die andere spielt ihre Trompete und die dritte bringt Freunde mit nach Hause. Ich bin todmüde. Was mache ich nur?

_____

_____

5. Ich habe nie genug Geld. Am Ende des Monats ist mein Konto leer. Zur Zeit wohne ich im Studentenwohnheim. Was soll ich machen?

_____

_____

E. Höfliche Bitten. You are taking an acquaintance to a restaurant in Austria. She keeps addressing the waiter in a rude and abrupt manner. You try to be especially polite to make up for her behavior. Use the subjunctive to rephrase your acquaintance's demands as polite requests.

■ Haben Sie einen Tisch frei? *Hätten Sie einen Tisch frei?* _____

1. Ich will dort drüben sitzen! _____

2. Bringen Sie mir die Speisekarte!

   _____

3. Ich will ein kaltes Bier trinken! _____

4. Bringen Sie mir das Rindfleisch mit Kartoffelpüree!

   _____

5. Ich will bezahlen! _____

F. **Ich hätte das anders gemacht!** Use the past time subjunctive to describe three things you would have done differently in each of the following problematic situations.

   1. Hermann und Gerda sind zusammen ins Restaurant gegangen. Das Essen hat ihnen gut geschmeckt. Als sie zahlen wollten, hat Gerda gemerkt, dass sie ihre Handtasche nicht dabei hatte. Gleichzeitig hat Hermann gemerkt, dass er sein Geld zu Hause vergessen hatte. Als der Kellner in die Küche ging, sind Hermann und Gerda hinausgelaufen und haben nicht bezahlt.

      Ich hätte mein Geld nicht zu Hause vergessen. Ich ... _____

      Ich wäre nicht ... _____

      _____

   2. Herr Ritzels neues Auto war kaputt. Er versuchte, es selber zu reparieren, aber er verstand nichts von Autos. Frau Ritzel rief den Automechaniker an. Er sagte: „Ich habe heute keine Zeit, aber ich kann Ihren Wagen morgen reparieren." Herr Ritzel konnte nicht warten, denn er musste zur Arbeit fahren. Er kaufte schnell ein neues Auto.

      _____

      _____

   3. Armin wollte nicht zur Schule gehen. Er weinte und aß sein Frühstück nicht. Er sagte: „Ich bin sehr krank". Seine Mutter brachte ihn sofort zum Arzt. Der Arzt gab ihm drei Injektionen und verschrieb ihm viel Medizin.

      _____

      _____

   4. Astrid wollte am Freitagabend mit Freunden ausgehen, aber ihre Noten waren nicht sehr gut und ihre Eltern wollten, dass sie zu Hause lernte. Sie sagte: „Ich gehe zu Caroline, und wir lernen zusammen Biologie." Als Astrids Vater später bei Carolines Eltern anrief, sagte Carolines Mutter: „Biologie? Nein, Caroline und Astrid sind mit Freunden tanzen gegangen."

      _____

      _____

ABSPRUNGTEXT I
Die Geschichte Berlins

G. Was passierte zuerst? Write numbers next to these events from Berlin's history to arrange them in chronological order.

_____ Berlin wird durch die Rote Armee erobert.

_____ Hitler wird Reichskanzler.

_____ Die Grenzen zu West-Berlin und zur Bundesrepublik Deutschland werden von der DDR geöffnet.

_1_ Friedrich II wird König von Preußen.

_____ Berlin wird politisch geteilt.

_____ Die deutsche Einheit ist vollendet.

H. Annas Besuch in Berlin. Use the passive voice in the present tense to describe these events during Anna's visit in Berlin.

■ der Reichstag / renovieren
Der Reichstag wird renoviert. _____

1. das neue Regierungsviertel / bauen

   _____

2. Blumen / im Park Sanssouci pflanzen

   _____

3. viele Straßen / reparieren

   _____

4. neue Straßenbahnschienen / legen

   _____

5. eine neue U-Bahn-Station / öffnen

   _____

6. viele neue Clubs / im Ostteil der Stadt auf•machen

   _____

I. Meine Stadt. How is your city or town changing its appearance? What is being built, renovated, or torn down? Use the present tense passive voice and some of the following words to describe six ways your city or town is changing.

die Altstadt • das Einkaufszentrum • die Industrieanlage •
die Kirche/Moschee/Synagoge • der Park • das Rathaus •
die Schule • das Schwimmbad • der Spielplatz • die Sportanlage •
der Supermarkt • das Warenhaus

erweitert • gebaut • gelegt • geschlossen • modernisiert • neu gestrichen •
renoviert • repariert • umgebaut • wieder aufgebaut • zerstört

1. _____

2. _____

3. _____

4. _____

5. _____

6. _____

J. Die Geschichte meines Landes. Think of at least six important events in the history of your country and use the passive voice conversational past tense to construct a brief **Zeittafel** of your country's history.

■ *Im Jahre 1492 ist Amerika von Christopher Columbus endeckt worden.*

_____

_____

_____

_____

_____

_____

> **ABSPRUNGTEXT II**
> **Maikäfer flieg!**

(von Christine Nöstlinger)

K. Ergänzen Sie. Complete the sentences with these words from **Absprungtext II.**

fiel • Gift • heulten • schlug • Unteroffizier • verlassen

1. Die Schule _____ alle zwei Tage wegen der Bombenangriffe aus.

2. Der _____ in der Schreibstube bekam Uhren für die Urlaubsscheine.

3. Frau Berger hatte eine Menge _____ gekauft und wollte es benutzen, wenn die Russen kamen.

4. Eines Tages _____ die Luftschutzsirenen um fünf, um sieben und um acht Uhr.

5. Im Keller hatten alle Hunger, aber niemand wagte, den Keller zu _____.

6. Herr Benedikt _____ wild um sich, als ihm ein Ziegelstein auf den Kopf fiel.

L. Widerstand in der Nazi-Zeit. Supply the appropriate genitive prepositions to complete the paragraph about resistance against the Nazi regime.

anstatt • außerhalb • innerhalb • trotz • während • wegen

(1) _____ des Krieges war es sehr gefährlich, etwas gegen das

Reich zu machen. (2) _____ der Gefahr haben Deutsche den

Juden und anderen Minderheiten° geholfen. (3) _____   *minorities*

einfach mitzumachen° oder nichts zu sagen, haben diese Leute ihr Leben   *to collaborate*

riskiert. Es gab Widerstand sogar (4) _____ der NSDAP und

der Armee. Viele Deutsche haben (5) _____ ihrer Religion

Widerstand geleistet. Auch (6) _____ des Landes gab es

Widerstandsbewegungen gegen Hitler.

> **ZIELTEXT**
> **Ich habe mich nie wohl gefühlt**

M. Bundesrepublik oder DDR? Look at the cues and write a sentence in the narrative past for each one, telling about either East or West Germany.

■ Planwirtschaft
Die DDR hatte eine Planwirtschaft.

1. Berlin – Hauptstadt

_____

2. mit zwei Zungen sprechen

_____

3. Marktwirtschaft

_____

4. Bonn – Hauptstadt

_____

5. die Sozialistische Einheitspartei

_____

N. Kreuzworträtsel.

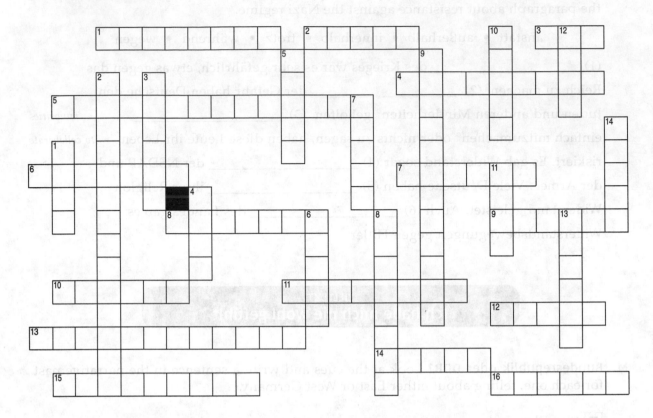

Waagerecht →

1. Eine Monarchie heißt auch „___".
2. In Berlin kann man eine Schifffahrt auf der ___ machen.
3. Der Reichstag ist in der Nähe vom Brandenburger ___.
4. Der Staat ___ liegt nördlich von Bayern, und südlich von Sachsen-Anhalt.
5. Der ___ ist eine große Straße im Zentrum Berlins.
6. Deutschland hat einen Bundespräsidenten und einen Bundes___.
7. Friedrich II war deutscher ___.
8. Schloss Sanssouci ist in ___.
9. ___ ist die Hauptstadt Deutschlands.
10. Die Leute, die in einem Land wohnen und dort wählen dürfen, sind ___.
11. Deutschland ist heute keine Diktatur. Es ist eine ___.
12. Die ___ fließt durch Niedersachsen und Bremen in die Nordsee.
13. Die Wähler wählen die ___ für den Bundestag und den Bundesrat.
14. Die ___ fließt durch Baden-Württemberg, Bayern und Österreich.
15. Der Präsident und die Minister sind wichtige Teile der Bundes___.
16. Östlich von Rheinland-Pfalz und nordwestlich von Bayern liegt der Staat ___.

Senkrecht ↓

1. Der ___ fließt durch Bayern und durch Frankfurt.
2. Die Clubszene am ___ soll fantastisch sein.
3. Hitler war der ___.
4. Der Staat ___rhein-Westfalen liegt zwischen Niedersachsen und Rheinland-Pfalz.
5. Die Leute im ___stand haben sich gegen Hitler organisiert.

6. Die ____ fließt durch das Saarland und durch Rheinland-Pfalz.
7. Im Jahre 1961 wurde Berlin durch die ____ geteilt.
8. Es gibt drei Universitäten in Berlin: die Freie Universität, die Technische Universität und die ____ Universität.
9. In der Berliner ____ kann man klassische Musik hören.
10. Die ____ bildet die Grenze zwischen Sachsen und Polen.
11. Die ____ fließt durch Sachsen und Sachsen-Anhalt. Sie bildet die Grenze.
12. Die ____ bildet die Grenze zwischen Brandenburg und Polen.
13. Unter-den-____ ist die Hauptstraße in Berlin-Mitte.
14. Der ____ ist der längste Fluss Deutschlands. Er ist auch die Grenze zwischen Deutschland und Frankreich.

O. Lesen Sie. Use the reading strategies you have learned as you look over the following text. Then answer the questions in English.

DIE SZENE

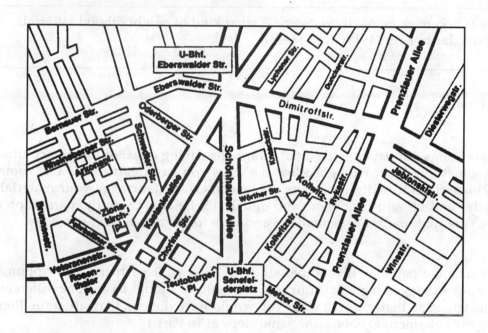

AM PRENZLAUER BERG

Auch am Prenzlauer Berg regt sich das Nachtleben gewaltig. Schnell entdeckten die Szenegänger das alte Berliner Arbeiterviertel zwischen Schönhauser und Prenzlauer Allee für einen feucht-fröhlichen Nachtbummel. Von der Hausbesetzerkneipe bis zum schicken Café hat sich hier eine bunte Szene entwickelt. Die trifft sich z.B. im Café WC (Westphal) am Kollwitzplatz bereits zum Frühstück. In der Husemannstraße tafeln in der Restauration 1900 eher zurechtgeputzte Prenzelberger. Ein paar Schritte weiter in der Budicke stillt Deftiges den kleinen und großen Appetit. Freunde der härteren Musik zieht es in den Duncker-Club in der Dunckerstraße. Im Knaack-Club in der Greifswalder Straße läuft täglich Disko bis in den frühen Morgen. Das Billardcafé im Knaack hat ab 15 Uhr geöffnet. So ziemlich alles bietet der Franz-Club in der Schönhauser Allee: Bar, Kneipe, Disko, Kino und Konzerte für jeden Geschmack.

1. On the map, circle the area where most of the Prenzlauer Berg "scene" takes place.

_____

2. Can you name two places where you can get something to eat in this area? (Hint: **Tafel** means *table*.)

_____

3. If you were taking the subway to Prenzlauer Berg to experience the nightlife there, which station would be most convenient?

_____

4. Where would you go to hear hard rock or heavy metal music?

_____

5. What are two places where you could go dancing?

_____

6. Where in this area might you see a movie?

_____

7. Before it became a focus of the "scene," what kind of neighborhood (**Viertel**) was Prenzlauer Berg? Who lived there?

_____

P. Schreiben Sie.

Part 1:

On a separate sheet of paper, write a paragraph describing a real or imaginary situation in which something went wrong. Follow the steps you have learned: (1) List some key words, (2) use them to write phrases or sentences. (3) Next, arrange your material in a logical order and (4) add connectors and details. (5) Finally, check the paragraph over, and make sure that nouns are capitalized and verb forms match their subjects.

Part 2:

In class, exchange papers with another student. Read your partner's description, then write a response suggesting what your partner could or should have done differently to resolve the situation better, or tell what you would have done in that situation. Remember to use the subjunctive. Follow the same steps as in Part 1.

·KAPITEL·ZWÖLF·

Das neue Europa

ANLAUFTEXT
Stefan und Anna sprechen über ihre Zukunft

A. Ergänzen Sie. Complete the sentences with words from the **Anlauftext**.

angenommen • bitten • Chancen • Erfahrungen • Gelegenheit •
Nachrichten • Praktikum • seitdem • Toll • Wahnsinn

1. Anna spricht mit Stefan vor seinem Postfach und fragt ihn, ob er gute

   _____ erhalten hat.

2. Stefan antwortet, dass er als Praktikant bei der UNO _____

   worden ist.

3. Ein Praktikum bei der UNO wäre eine ideale _____, internationale

   _____ zu sammeln.

4. Professor Osswald hat gesagt, dass Stefan gute _____ hätte, später eine

   Stelle in New York oder Genf zu finden.

5. Für Stefan klingen die USA attraktiver, _____ er Anna kennt.

6. Anna findet es _____, wenn Stefan nach Amerika kommen würde, aber

   sie ist nicht total glücklich damit.

7. Annas Vater sagt, es wäre _____, wenn sie die Assistentenstelle im

   Deutschen Bundestag nicht akzeptieren würde.

8. Anna wird ihre Eltern _____, ihr die Unterlagen für die Berwerbung zu

   schicken.

B. Anna ruft ihre Eltern an. After finding out about Stefan's internship with the UN, Anna calls home to tell her mother about the latest developments. Supply the missing parts to complete their conversation.

HANNELORE: Hallo?

ANNA: Hallo, Mama! Hier ist Anna.

HANNELORE: Ach, Anna! Nett, dass du anrufst. Wie geht's dir denn so?

ANNA: Sehr gut. Meine Seminare sind interessant. Du, hör mal – hat Papa dir vom Bundestag-Programm erzählt?

HANNELORE: Ja, er hat mir gesagt, dass du dich für eine Praktikantenstelle dort bewerben willst. Das klingt gut, aber bist du sicher, dass du wirklich noch ein Jahr in Deutschland bleiben willst?

ANNA: _____
_____
_____

HANNELORE: So so, das ändert natürlich alles! Wie heißt er?

ANNA: _____
_____

HANNELORE: Ja, natürlich schicken wir dir die Unterlagen. Sag mal, wie lange kennst du ihn denn schon, diesen Stefan?

ANNA: _____
_____
_____

HANNELORE: Hm, vielleicht sollten dein Vater und ich nach Deutschland fliegen. Wir könnten Stefan kennen lernen und meine Eltern besuchen. Es wäre auch schön, dich mal zu sehen, besonders wenn du noch länger bleiben willst.

ANNA: _____
_____

HANNELORE: O.K., ich bespreche das mit deinem Vater. Bis bald, tschüss!

C. Was wäre, wenn ... ? Use the subjunctive II and **wenn**-clauses to describe what your life might be like under different circumstances.

■ Was wäre, wenn Sie die High School nicht zu Ende gemacht hätten?
Ich würde jetzt arbeiten und nicht studieren, wenn ich die High School nicht zu Ende *gemacht hätte.* (oder)
Wenn ich die High School nicht zu Ende gemacht hätte, würde ich jetzt arbeiten und *nicht studieren.*

1. Was wäre, wenn Sie während des ersten Semesters jeden Tag in der Deutschklasse geschlafen hätten?

_____
_____

2. Was wäre, wenn Sie in Deutschland zur Schule gegangen wären und dort das Abitur gemacht hätten?

_____

_____

3. Was wäre, wenn Sie nicht Deutsch, sondern Japanisch gelernt hätten?

_____

_____

4. Was wäre, wenn Sie im ganzen Semester keine Hausaufgaben gemacht hätten?

_____

_____

5. Was wäre, wenn Sie nicht zur Universität gegangen wären?

_____

_____

D. **Was Eltern wünschen.** Parents often wish for a certain lifestyle for their children, which does not always come true. Use the subjunctive to write about some of the following unfulfilled wishes.

■ Vater, Rechtsanwalt/Rechtsanwältin sein, Lehrer/in sein
Mein Vater wünschte, ich wäre Rechtsanwältin, aber ich bin Lehrerin.

1. Mutter, tanzen können, singen können

_____

2. Eltern, verheiratet sein, ledig sein

_____ .

3. Eltern, Kinder haben, einen Hund haben

_____ .

4. Mutter, oft nach Hause kommen, selten nach Hause kommen

_____ .

5. Vater, Football spielen, Tennis spielen

_____ .

E. **Was ich wünsche.** Use the subjunctive II to tell about five things you wish you had done differently.

■ Ich kann nicht schwimmen. (lernen)
Ich wünschte, ich hätte schwimmen gelernt.

1. Ich bin nie in Hawaii gewesen. (fahren)

_____

2. Ich habe meine Großeltern nicht oft gesehen. (besuchen)

_____

3. Ich bin nie in Europa gewesen. (fliegen)

_____

4. Ich habe nicht viel Geld verdient. (arbeiten)

_____

5. Ich ...

_____

ABSPRUNGTEXT
EU zieht neue Grenze: Das ändert sich beim Zoll

F. Schreiben Sie die Sätze zu Ende. Use information from the **Absprungtext** to complete the sentences about the Austrian border patrol.

1. Die Zöllner in Kärnten werden bald neue Aufgaben haben, weil _____

_____

2. Reisende sollen nicht vergessen, dass _____

_____

3. Die Zöllner in Kärnten sind verunsichert, denn _____

_____

4. Max Klemenjak verlangt, dass die Politiker _____

_____

5. In Zukunft _____

_____

G. Ein Besuch in Österreich. Why do these people visit Austria? Find the answers by using **um ... zu** to combine the following statements.

■ Touristen fahren jedes Jahr nach Österreich. Sie sehen sich dort die historischen Sehenswürdigkeiten an.
Touristen fahren jedes Jahr nach Österreich, um sich dort die historischen Sehenswürdigkeiten anzusehen.

1. Fast alle Touristen in Österreich besuchen Wien. Sie besichtigen dort Beethovens Wohnungen.

_____

_____

2. Viele Leute fahren nach Salzburg. Dort besichtigen sie Mozarts Geburtshaus.

_____

_____

3. Jedes Jahr besuchen viele Musiker Salzburg. Sie spielen mit den Orchestern der Salzburger Festspiele.

_____

_____

4. Die Touristen gehen in die Kaffeehäuser. Sie lesen dort Zeitungen.

_____

_____

5. Viele Politiker fliegen nach Wien. Auf Konferenzen diskutieren sie die internationale Politik.

_____

_____

6. Progressive Architekten besuchen Wien. Sie sehen sich dort das Hundertwasserhaus an.

_____

_____

H. Es wäre schade ... Your friend is planning a whirlwind tour of Europe and has allowed only one day to visit Austria. You are arguing for a longer visit. Use **ohne ... zu** to mention which sights and activities would be a shame to miss on such a visit.

■ Wien: die Spanische Reitschule sehen
Es wäre schade Wien zu besuchen, ohne die Spanische Reitschule zu sehen.

1. Wien: ein Schauspiel im Burgtheater sehen

_____

2. Österreich: eine Dampferfahrt auf der Donau machen

_____

3. Österreich: durch Innsbruck bummeln

_____

4. Wien: das Hundertwasserhaus und die vielen Jugendstil-Gebäude sehen

_____

5. Wien: in einem Kaffeehaus sitzen

_____

6. Salzburg: ein Konzert hören

_____

I. Vieles muss noch gemacht werden. A lot has been done over the past twenty years to protect the environment, but there is also a lot left to do. Use the cues to write about some of the things that still need to be done. Write in the passive voice.

■ Spraydosen / in vielen Ländern / verbieten / müssen
Spraydosen müssen in vielen Ländern verboten werden.

1. Die Müll-Lawine / stoppen / sollen

2. Die Entwicklung von Windenergie und Sonnenenergie / weiterentwickeln / können

_____

3. Weniger Erdöl / verbrauchen / müssen

_____

4. Der Treibhauseffekt / beenden / sollen

_____

5. Die Wegwerfgesellschaft / verändern / müssen

_____

6. Der Umweltschutz / weltweit durchführen / müssen

_____

J. Was ist auf dem Campus erlaubt? Use some of the words and phrases from the lists and some of your own to state six activities that are allowed or forbidden in the dormitories on your campus. Use the statal passive.

Alkohol trinken • Demonstrationen • in die Kirche gehen •
laute Partys • Poker spielen • Rockmusik • tanzen • Zigaretten

akzeptiert • (nicht) erlaubt • verboten

■ *Alkohol ist verboten.*

1. _____

2. _____

3. _____

4. _____

5. _____

6. _____

ZIELTEXT
Studenten besprechen die EU

K. Was denken Sie? Many of the issues related to the European Union that Anna discusses with Stefan, Karl, and Inge are also relevant in North America. Use the subjunctive to state your opinion about whether the following political and economic measures are applicable to North America. Use some of the expressions from the list and give reasons for your opinions.

Positiv

(sehr) gut • nützlich° • praktisch • wünschenswert°   *useful / desirable*

Negativ

nicht (sehr) gut • eine Katastrophe • unnötig • zu viel

■ 35.000 Seiten Bestimmungen für Karamellbonbons
Das wäre hier nicht praktisch. Das würde zu viel kosten.

1. ein ökologisches Steuersystem

   _____

2. eine gemeinsame Währung: der Euro

   _____

3. keine Passkontrollen an den Grenzen zwischen Kanada, USA und Mexiko

   _____

4. verschärfte Kontrollen an Außengrenzen

   _____

5. Nordamerikaner können in allen nordamerikanischen Ländern arbeiten

   _____

6. ein nordamerikanisches Parlament

   _____

L. Kreuzworträtsel.

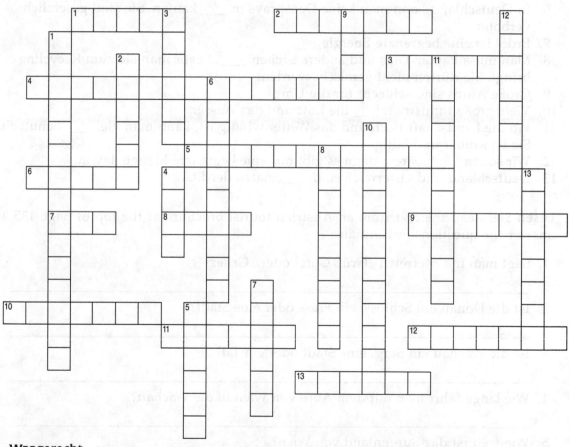

Waagerecht →

1. Das Wetter in Alaska ist ziemlich kalt, aber Hawaii hat ein sehr warmes ____.
2. Die ____-Gesellschaft macht das Leben einfach, aber schadet der Umwelt.
3. Um die Müll-____ zu stoppen, machen viele Leute Recycling.
4. Der ____ macht das Wetter immer wärmer.
5. Verpackungen werden zum Recycling zur ____ gebracht.
6. Jeder Arbeiter braucht eine Lohnsteuer____.

7. Das Finanz____ zieht die Steuer regelmäßig vom Gehalt ab.
8. Die ____schicht schützt uns vor der Sonne. Leider wird sie immer dünner.
9. Kazim hat eine ____stelle bei Ford in Köln.
10. Kazim bekommt keine Papiere, sondern einen ____, damit er in Deutschland arbeiten darf.
11. Das Geld, das alle Bürger an den Staat bezahlen, heißt ____.
12. Weil Kazim Türke und kein Deutscher ist, muss er zur Ausländer____ gehen.
13. ____energie kann an schönen Tagen gespeichert werden.

Senkrecht ↓

1. Kazim hat keinen deutschen ____ mit seinem Namen und seinem Bild.
2. Der deutsche Staat bekommt Geld von allen Einwohnern und schickt eine ____ an die EU.
3. ____ von Autos und von Industrie sind schlecht für die Luftqualität, besonders in großen Städten.
4. ____energie heißt auch „Kernkraft".
5. Kazim ist kein deutscher ____bürger. Er ist ein türkischer ____bürger.
6. In Deutschland kann man keine Deosprays in ____ kaufen. Sie sind gesetzlich verboten.
7. Erdöl ist eine begrenzte Energie____.
8. Man muss Papier, Glas und andere Sachen ____, bevor man sie zum Recycling bringt. Sie dürfen nicht gemischt werden.
9. Große Autos sind schlecht für die Um____.
10. Viele große Industrien ____ die Luft und das Wasser.
11. Wo die Landschaft flach und das Wetter windig ist, kann man viel ____ benutzen. Sie ist sauber und billig.
12. Wir sollen ____ sparen, denn es gibt nur eine begrenzte Menge davon.
13. Deutschland und Österreich sind ____staaten der EU.

M. Lesen Sie. Read the text from an Austrian tourist brochure at the top of page 135 and answer the questions in German.

1. Sagt man in Österreich „Grüß Gott" oder „Grüezi"?

   _____

2. Ist die Donau ein Schloss, ein Fluss oder eine Stadt?

   _____

3. Ist die Wachau ein Berg, eine Stadt oder ein Tal?

   _____

4. Wie lange fährt man mit dem Auto von Wien in die Wachau?

   _____

5. Wie weit ist das Burgenland von Wien?

   _____

6. Was für Wein gibt es im Burgenland?

   _____

7. Wo kann man Zigeunermusik und Sommeroperetten hören?

   _____

AN DER SCHÖNEN, BLAUEN DONAU.

Da ist die Wachau, der schönste Teil des Donautals. Sie lockt mit Burgen und Klöstern, mit schmucken Schiffen – Grüß Gott, Herr Donaudampfschiffahrtsgesellschaftskapitän – und mit hervorragenden Weinlagen. Eineinhalb Autostunden von Wien.

Da ist das Burgenland. Österreichs Anteil an der Puszta, mit dem schilfbestückten Neusiedler See. Zigeunermusik, Rotwein, Wassersport und Sommeroperette laden ein. Eine Autostunde von Wien.

Eine romantische Ritterburg, die Dampfzahnradbahn auf den fast 2000 Meter hohen Hausberg der Wiener und Europas größter unterirdischer See gehören ebenso zum Drumherum Wiens.

Die Steirermetropole Graz ist zwei, Mozarts Geburtsstadt Salzburg und Budapest sind drei, Prag ist vier Bahn- oder Autostunden nah. Viereinhalb Stunden Fahrt oder eine Stunde Flug bringen Sie in die alpine Olympiastadt Innsbruck.

8. Wie lange fliegt man von Wien nach Innsbruck?

   _____

9. Kann man mit dem Zug von Wien nach Prag fahren?

   _____

10. Was möchten Sie in Österreich sehen?

   _____

N. Schreiben Sie. During your semester at the University of Freiburg, an international student group interested in the environment has asked you to talk to them about environmental issues in your home state/province. Prepare your presentation.

1. In German, list some of your home area's environmental problems.

2. Write some sentences in German about what is being done (you may want to use the passive voice here), or what could be done (subjunctive) to address each problem.

3. Put your sentences in a meaningful order and flesh out your presentation by providing examples and connections.

4. The group wants to print your presentation in their newsletter, so read over your presentation checking for misspellings, noun capitalization, verb conjugations and tenses, adjective endings, or any other errors you know you are prone to.

_____

_____

_____

_____

_____

_____

_____

_____

_____

_____

_____

_____

_____

_____

_____

_____

_____

_____

_____

_____

_____

_____

▪ LAB MANUAL ▪

The Sounds of German

Vowels

Vowels are sounds produced by air flowing over the tongue. The relative position of the tongue is used to describe vowels. When the tongue is positioned in the *front* of the mouth, *front vowels* are produced (**a, e, i, ö, ü, ä**). When the tongue is positioned in the *back* of the mouth *back vowels* are produced (**o, u**). In addition, the tongue can be positioned either *high* or *low* in the mouth.

	FRONT	**CENTRAL**	**BACK**
HIGH	i, ü e, ö ä		u o
LOW		a	

PURE VOWELS

- German vowels are always pure. That is, a German vowel does not glide off into another vowel as do English vowels. The *o* in English *boat* glides from *o* to *u*, while the *a* in English *gate* glides from *a* to *e*. German vowels never do this.

- German vowels are either long or short in duration. Although this distinction does not describe all vowel sounds, in general German short vowels are tenser than long vowels. German spelling is a very helpful guide in identifying long and short vowels.

- Long vowels include:
  1. vowels written double: p**aa**r, Schn**ee**, B**oo**t
  2. vowels followed by a silent **h**: f**ah**ren, L**eh**rer, **Ih**r, w**oh**nen, Sch**uh**e, Fr**üh**ling
  3. the combination **ie**: d**ie**, h**ie**r, s**ie**hst
  4. vowels in open syllables (that is, syllables ending in a vowel sound): **ha**-ben, **de**-nen, **O**-denwald, **Stu**-di-um

- Short vowels include:
  1. vowels followed by a consonant written double: H**ann**es, **ess**en, b**itt**e, k**omm**en, M**utt**er
  2. vowels in syllables ending in more than one consonant sound: s**ind**, S**org**e, **uns**, f**ast**

- In closed syllables (those ending in a consonant sound), vowels can be either long or short:

	Long	Short
	der	des
	kam	Stadt
	ihn	bin
	rot	Bonn
	Mut	Mutter

 Probe 1. Listen to and repeat the pronunciation of the following vowels.

Sound	Examples
long a	habe, Vater, fahren, Jahr, paar, Staat
short a	Anna, gespannt, fast
long e	gehe, Lehrer, sehr, Idee, Schnee
short e	essen, kennen
long i	die, hier, ihr, Island
short i	bitte, sind
long o	oder, Sohn, wohnen, Boot
short o	Bonn, toll, Sorge
long u	Bruder, du, Schuhe
short u	uns, Mund, Mutter

Unstressed -e. Unstressed **-e** occurs mainly in prefixes and suffixes. It sounds like the English *a* in *sofa*.

 Probe 2. Listen to and repeat the pronunciation of the following words. Pay special attention to the highlighted vowels.

fahren
geschrieben
tolle
Gedichte

Diphthongs. Diphthongs are sounds that combine two vowel sounds. German has three diphthongs. Each corresponds to a diphthong in English.

1. **au** is pronounced similar to the English *ow* in *how*
2. **ei** (also written **ai**) is pronounced similar to the *ei* in the English *height*
3. **eu** (also written **äu**) is pronounced similar to the *oy* in English *boy*

 Probe 3. Listen to and repeat the pronunciation of the following words.

diphthong **au**:	auch, Frau, Haus
diphthong **ei** (or **ai**):	heißen, mein, Mai
diphthong **eu** (or **äu**):	heute, neun, Häuser, Fräulein

Umlauted vowels

- The vowels **a, o,** and **u** can have a diacritical mark called an umlaut placed over them: **ä, ö, ü.** This changes their pronunciation into different vowel sounds.
- The vowel **ä** is usually pronounced identically to the long or short **e**: Mädchen, Hände.

- The vowel **ö** is pronounced like the sound [**e**], but with the lips rounded (sch**ö**n, **ö**ffnen).

- The vowel **ü** is pronounced like the sound [**i**], but with the lips rounded (T**ü**r, St**ü**ck).

- The **ö** and **ü** are called *front, rounded vowels* and have short and long variants. There are no English equivalents for the front, rounded vowels.

- The spelling **ae, oe,** and **ue** are often found in proper names and are pronounced identically to **ä, ö,** and **ü**: Ha**e**drich, Go**e**the, von H**ue**ne.

 Probe 4. Listen to and repeat the pronunciation of the following words.

long **ä**	Mädchen, trägt, Universität
short **ä**	Hände, Männer, wächst
long **ö**	aufhören, schön, Goethe
short **ö**:	öffnen, möchte, Schlösser, zwölf
long **ü**:	Bücher, Frühling, schwül, üben
short **ü**:	fünf, hübsch, müssen, Stück

Consonants

Consonants are sounds in which the air stream is hindered by some organ of the mouth, usually the tongue or lips. All consonants can be either voiced or unvoiced. When a voiced consonant is pronounced, the vocal chords vibrate. They do not vibrate when a consonant is unvoiced.

 Probe 5. Listen to and repeat the following words. Notice how the vocal chords vibrate when you pronounce the voiced consonants.

Voiced	Unvoiced	Voiced	Unvoiced
Bass	Pass	rauben	Raupe
dass	Tasse	baden	baten
Gasse	Kasse	Hagen	Haken
was	Fass	Löwe	Höfe
		reisen	reißen

THE GERMAN [R]

- The letter **r** is pronounced differently depending on where it appears within a word. At the beginning or middle of a syllable or between vowels, most Germans pronounce the **r** in the back of the throat. This is called the uvular or back **r** (it is the **r** used in most spoken French).[1] To produce the uvular **r**, say the word *aha!* forcefully and repeatedly. Now say the German word **Rad**, pronouncing the **r** in the same place in your throat as the **h** in *aha!*

- At the end of a syllable or before **t**, the German **r** sounds more like the *a* in the English word *sofa* or the *e* in *the*. It is not pronounced as a consonant at all in this position.

_____
[1] Bavarians use a front or rolled **r**, similar to the trilled **r** in Spanish.

Probe 6. Listen to and repeat the following sets of words.

Brot	drei	Freund
fahren	Nachbarin	ihre
Radio	rot	Rad
der	Tür	vor
fahrt	Ort	gehört

Consonants. The following table shows all the possible spellings of all the consonant sounds in spoken German.

Sound	Written as	Examples
[b]	**b**	**b**in, **b**raun, a**b**er, sie**b**en
[p]	**p, pp, b** (at the end of a word or before **t** or **sch**)	**P**erson, **Pappe**, O**p**a, Kla**ppe**, gel**b**, **P**apierkor**b**, ha**b**t, hü**b**sch
[d]	**d**	**d**anke, **d**rei, Krei**d**e, Stu**d**ent
[t]	**t, th, tt, dt, d** (at the end of a word or before **s** at the end of a word)	**T**afel, antwor**t**en, gu**t**, ach**t**, Ma**th**e, **Th**omas, Go**tt**, Mu**tt**er, Sta**dt**, Aben**d**, tausen**d**, **D**eutschlan**d**s
[f]	**f, ff, v, ph**	**F**enster, Ta**f**el, Sti**f**t, ö**ff**nen, **v**iel, attrakti**v**, Al**ph**abet
[g]	**g**	Grü**ß** **G**ott!, sa**g**en, an**g**enehm
[k]	**k, ck, g** (before **t** or at the end of a word)	**k**ein, dan**k**e, schlan**k**, Ste**ck**dose, fra**g**t, Ta**g**, genu**g**
[h]	**h**	**H**aben, **H**aar, wo**h**er
[l]	**l, ll**[2]	**l**esen, **l**angweilig, vo**ll**, We**ll**e
[m]	**m, mm**	**m**achen, Na**m**e, La**m**pe, ko**mm**en, waru**m**, Ni**mm**
[n]	**n, nn**	**N**ame, **n**eun, wa**nn**, bre**nn**en
[ŋ]	**ng**[3]	Ri**ng**, verbri**ng**en, Fi**ng**er
[s]	**ss, ß**	e**ss**en, verge**ss**en, wei**ß**, hei**ß**en
	s (at the end of a syllable, before **t** at the end of a word)[4]	da**s**, ha**s**t, Ang**s**t
[ʃ]	**sch, s** (before **p** or **t** at the beginning of a word)	**Sch**ule, Deut**sch**, histori**sch**, **S**piel, **s**prechen, **s**tehen, **S**tuhl
[z]	**s** (at the beginning of a word or between vowel sounds)	**S**ie, **s**o, **s**ehen, le**s**en
[v]	**w**[5]	**w**as, E**v**a, z**w**ei, Sch**w**ester
[j]	**j**	**j**a, **j**ung, **J**ahr, Bo**j**e
[ç]	**ch** (after **ä, e, i, ö, ü, ei, eu,** or **äu**)[6]	Dä**ch**er, e**ch**t, i**ch**, Lö**ch**er, eu**ch**, räu**ch**ern, Bü**ch**er, rei**ch**
	g (after **i** at the end of a word)	richti**g**
[X]	**ch** (after **a, o, u, au**)	Sa**ch**e, ko**ch**en, Bu**ch**, rau**ch**en
[r]	**r, rr**	**R**adio, F**r**au, B**r**ot, fah**r**en, i**rr**en

Consonant combinations

[kn]	**kn**	**kn**allen, **Kn**ie, **Kn**eipe
[kv]	**qu**	**Qu**alität, **Qu**ark, **Qu**atsch
[pf]	**pf**	**Pf**erd, **Pf**anne, **Pf**und, Ho**pf**en, Kam**pf**
[ts]	**z**	**Z**ahn, **z**wei, Her**z**, in**z**wischen

---

[2] German **l** is lighter than the English dark *l*.
[3] The German **ng** always corresponds to the *ng* in English *singer*, never that in *finger*.
[4] In a few foreign words, initial s- is also pronounced [s]: Softball, Software
[5] In some foreign words [v] is spelled **v**: Venedig, Vancouver, Ivan
[6] A few foreign words have initial **ch**- pronounced [ç]: China

· K A P I T E L · E I N S ·

Fangen Sie bitte an.

Hörtexte aus dem Buch

ANLAUFTEXT I: ANNAS ALBTRAUM

(See page 4 of your textbook.)

ANLAUFTEXT II: ANNAS TRAUM

(See page 10 of your textbook.)

Weitere Hörtexte und Übungen

HÖRTEXT 1

A. Der Professor im Albtraum. Anna is telling her mother about the nightmare she had. Listen to Anna's description of the professor. Then complete the following description of the professor. Remember, in a nightmare people are often sinister in appearance.

1. The professor in Anna's nightmare is

   _____ a. a young man.   _____ b. an older man.

   _____ c. a very old man.

2. He's about

   _____ a. 30 years old.   _____ b. 50 years old.

   _____ c. 80 years old.

3. His eyes are

   _____ a. large and black.   _____ b. brown and romantic.

   _____ c. blue and friendly.

4. His hair is

   _____ a. long and gray.   _____ b. short and brown.

   _____ c. curly and blond.

5. He is very

   _____ a. chubby.   _____ b. slender.

6. He speaks

_✓_ a. quickly. _____ b. loudly.

_____ c. slowly.

Hörtext 2

B. Der Professor im Traum. Anna also tells about her pleasant daydream. Listen to her description of the professor. Then complete the following description of the professor.

1. The professor in Anna's daydream is __b__.

    a. old.   b. young.

2. He is about _____.

    a. 20 years old.   b. 60 years old.   c. 40 years old.

3. His eyes are _____.

    a. a beautiful brown.   b. a beautiful blue.   c. a beautiful green.

4. His hair is _____.

    a. short, straight, and brown.   b. very long, curly, and red.
    c. longish, black with gray, and straight.

5. The professor is _____.

    a. unattractive, but friendly.   b. attractive and friendly.
    c. attractive, but unfriendly.

C. Mein Professor/Meine Professorin ist ... Stop the tape and write in German a description of one of your best professors. No names, please!

Meine Professorine ist mollig und alt. Sie hat blaue Augen und kurzes, welliges, graues Haar.

HÖRTEXT 3

D. Ein Krimi. (A mystery.) The Tübingen police are looking for the person who has been stealing books from local bookstores. Listen to the conversation between a sales clerk, who has seen the thief, and the police detective assigned to the case. As you listen, use the chart to take your own notes about the thief. Check the words you hear or supply additional facts based on the information from the sales clerk.

PERSONENBESCHREIBUNG (*PERSONAL DESCRIPTION*)			
DIE PERSON IST	ein Mann	eine Frau *(circled)*	ein Kind	
GRÖSSE°	groß	klein *(circled)*	*welliges rotes Haa*	
GEWICHT*	mollig *(circled)*	schlank		
ALTER	20–30 Jahre alt	30–40 Jahre alt	40–50 Jahre alt *(circled)*	60+Jahre alt
HAAR	blond	braun	rot *(circled)*	schwarz
	(dunkel/hell)	(dunkel/hell)	(dunkel/hell)	(dunkel/hell)
	kurz	lang *(circled)*		
	glatt	kraus	wellig *(circled)*	
AUGEN	blau	braun	schwarz	grün *(circled)*
IM ALLGEMEINEN⁺	attraktiv *(circled)*	unattraktiv		

° *height*   * *weight*   ⁺ *in general*

Spreche Deutsch / komme aus Deutschland

E. Wie sieht er oder sie aus? You've just heard the description of the person stealing books from Tübingen bookstores. Now stop the tape and help police detective Prachner write his report and pick a suspect from the police drawings.

1. In German, write down five pieces of information about the suspect.

   Herr Müller sagt Folgendes über den Dieb°/die Diebin°:   *thief*

   Sie hat rotes, langes, welliges
   Haar. Sie ist klein und mollig. Sie
   hat grüne Augen. Sie ist attraktiv.

   _____

   _____

   _____

KAPITEL EINS   Lab Manual   **145**

2. Which of the following suspects most closely fits the sales clerk's description of the thief?

1   2   3   4   5

F. Befehle und Fragen. You will hear several commands and requests. For each command or request, three actions are printed here. Check the one you need to carry out in order to respond appropriately.

■ Stehen Sie auf!

_____ a. I sit down.   ✔ b. I stand up.

_____ c. I turn to my neighbor.

1. _____ a. I sit down.   ✓ b. I stand up.

_____ c. I turn to my neighbor.

2. ✓ a. I walk to the chalkboard.   _____ b. I walk to the table.

_____ c. I walk to the door.

3. _____ a. I close my book.   _____ b. I put my book down.

✓ c. I open my book.

4. ✓ a. I sit down.   _____ b. I search for a pen.

_____ c. I stand up.

5. _____ a. I put my book down.   _____ b. I open my book.

✓ c. I close my book.

6. ✓ a. I start to write.   _____ b. I talk to my neighbor.

_____ c. I sit down.

7. _____ a. I walk to the chalkboard.   ✓ b. I walk into the room.

c. I walk out of the room.

8. ✓ a. I look for a place to sit.   _____ b. I look for a pen in my pocket.

_____ c. I take a pen out of my pocket.

G. Fragen. You will hear a series of questions. Check the more logical answer to each question.

■ Woher kommen Sie?

   ✔ a. Ich komme aus Chicago.   _____ b. Ich habe braune Haare.

1. _____ a. Ich bin sehr freundlich.   ✓ b. Ich bin 20 Jahre alt.

2. ✓ a. Ich wohne in Los Angeles.   _____ b. Hier ist der Tisch.

3. ✓ a. Nein, ich verstehe kein Deutsch.   _____ b. Ja, ich verstehe Englisch.

4. _____ a. Ich habe kein Buch.   ✓ b. Ich heiße Martin.

5. _____ a. Die Tür ist schwarz.   ✓ b. Die Studentin öffnet die Tür.

6. ✓ a. Hier ist es.   _____ b. Hier sind sie.

H. Das Alphabet. Listen to the pronunciation of the German alphabet. You may wish to follow along on page 19 in your textbook.

I. Was fehlt? (*What's missing?*) You will hear the spelling of several words and phrases. Fill in the missing letters as they are pronounced.

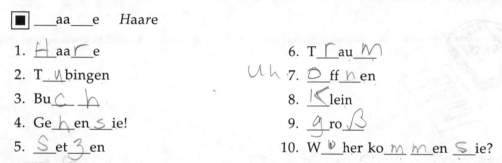

■ ___aa___e   *Haare*

1. H aa r e   6. T r au m

2. T ü bingen   Uh 7. O ff n en

3. Bu c h   8. K lein

4. Ge h en s ie!   9. g ro ß

5. S et z en   10. W o her ko m m en S ie?

HÖRTEXT 4

J. Wer bin ich? You will hear impersonations of several famous people. After listening to each one, check the name of the celebrity who was being impersonated.

1. ✓ a. Madonna

   _____ b. Roseanne

   _____ c. Whitney Houston

2. _____ a. Chris Evert-Lloyd und John McEnroe

   _____ b. Martina Navratilova und Andre Agassi

   ✓ c. Steffi Graf und Boris Becker

3. _____ a. Günter Grass

   ✓ b. Peter Jennings

   _____ c. Robin Williams

K. Logik. You will hear a list of number patterns. Write down the next logical number at the end of each pattern. After you have listened to the entire list, stop the tape and write out the German spelling of each number.

◼ eins, zwei, drei ___4___ *vier* _____

1. _4_ vier
2. _7_ sieben
3. _8_ acht
4. _40_ vierzig
5. _25_ funfundzwanzig
6. _71_ einundsiebzig
7. _28_ achtundzwanzig

(handwritten margin notes)
10 20 30
5 10 15 20
41 51 61
7 14 21

HÖRTEXT 5

L. Im Klassenzimmer von Frau Stein. You will hear several brief conversational exchanges that took place in Frau Stein's class yesterday. It was not a good day. Circle the objects mentioned in each exchange.

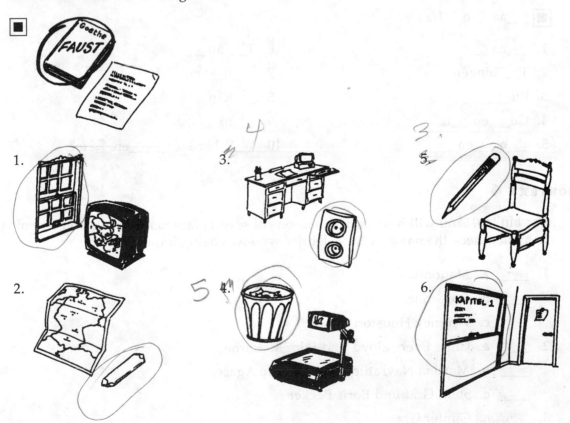

·KAPITEL·ZWEI·
Familie und Freunde

Hörtexte aus dem Buch

ANLAUFTEXT: ANNA ADLER STELLT SICH VOR

(See page 42 of your textbook.)

ABSPRUNGTEXT: ANNA SCHREIBT EIN FAX

(See page 60 of your textbook.)

ZIELTEXT: EIN FAX KOMMT AN

(See page 71 of your textbook.)

Weitere Hörtexte und Übungen

HÖRTEXT 1

A. Wer bin ich? The members of Anna's family are describing themselves. Listen to their descriptions, then check who is talking.

1. Es ist _____.

   a. Annas Mutter.   b. Annas Tante.   c. Annas Kusine.

2. Es ist _____.

   a. Annas Vater.   b. Annas Vetter.   c. Annas Bruder.

3. Es ist _____.

   a. Annas Kusine.   b. Annas Großmutter.   c. Annas Tante.

4. Es ist _____.

   a. Annas Vater.   b. Annas Großvater.   c. Annas Onkel.

Hörtext 2

B. Anna lernt einen deutschen Studenten kennen. At a party at a friend's house in Fort Wayne, Anna meets a German student. As you listen to their conversation, circle the names of people and places that you hear.

Katja (Rom) (Tom) Deutschland (Natalie) Paris (Detlev)

Fort Wayne   Hannelore   (Tübingen) (Anna) (Cambridge) Georg (Amerika)

C. Hören Sie noch einmal zu. (Listen again.) Listen to the conversation again. Then answer the questions. More than one answer may be correct.

1. Whom does Anna meet at the party?

   _____ a. Tom   _____ b. Bob   _✓__ c. Detlev

2. Where does he come from?

   _✓__ a. Tübingen   _____ b. Rom   _____ c. Cambridge

3. What does he do?

   _____ a. He's a travel agent.   _____ b. He's an Italian professor.

   _✓__ c. He's a student.

4. What does Anna tell him about herself?

   _____ a. ... that she likes to play tennis.

   _____ b. ... that she is studying German.

   _____ c. ... that she is looking forward to the museums in Germany.

   _✓__ d. ... that her mother is German.

5. Whom does he describe to Anna?

   _____ a. a friend   _✓__ b. his sister   _____ c. his aunt

6. Which of the following apply to the person he describes?

   _____ a. The person does not enjoy sports.

   _____ b. The person likes to hike and play tennis.

   _✓__ c. The person studies art history and Italian.

   _____ d. The person lives alone.

7. By the end of the conversation, what more does Anna know about her conversation partner?

   _✓__ a. Where his parents live and their telephone number.

   _____ b. That he's a sports fanatic.

Hörtext 3

D. Was? Wann? Listen to the radio announcement of the special shows this coming weekend on **Radio Vorsprung**. Circle the correct day and the time of each show.

MOZARTSTUNDE MIT KLAUS BRAUN			
TAG ZEIT	(Freitag) 8.00–9.30	Samstag 2.00–3.00	Sonntag (20.00–21.30)

TENNIS-TIPPS MIT BORIS BECKER			
TAG ZEIT	Freitag (11.00–11.30)	(Samstag) 13.00–14.00	Sonntag 1.00–1.45

BERLINER PHILHARMONISCHES ORCHESTER			
TAG ZEIT	Freitag 9.00	(Samstag) 10.30	Sonntag (19.30)

EXKLUSIVINTERVIEW MIT HELMUT KOHL			
TAG ZEIT	Freitag 21.00–22.30	Samstag (9.00–10.30)	(Sonntag) 1.00–2.30

DISKUSSION: COMPUTER UND KOMMUNIKATION			
TAG ZEIT	(Freitag) (14.00)	Samstag 10.00	(Sonntag) 4.00

RHYTHMEN DER KARIBIK			
TAG ZEIT	Freitag 17.00	Samstag 6.00	(Sonntag) (16.00)

E. Logisch oder unlogisch? You will hear eight pairs of questions and answers. If the response is a logical reply to the question, check **logisch**. If the response is not logical, check **unlogisch**.

	logisch	unlogisch		logisch	unlogisch
1.	✓		5.	✓	
2.		✓	6.	✓	
3.	✓		7.		✓
4.	✓		8.		✓

F. Was hören Sie?

Teil 1

Listen to the sounds on the tape and match each sound with an appropriate German phrase.

1. _c_   a. Das Kind hat Tennis nicht gern.
2. _d_   b. Sie haben Musik gern.
3. _f_   c. Ich habe Durst.
4. _b_   d. Sie hat Angst.
5. _a_   e. Sie haben ein Auto.
6. _e_   f. Er hat Hunger.

Teil 2

Now listen to the questions on the tape and answer them in complete German sentences.

1. _Nein, ich spiele tennis nicht_
2. _Ich habe kein auto,_
3. _Ich habe hunger._
4. _Nein, ich habe kein Durst._

HÖRTEXT 4

G. Was studiere ich? You will hear four German students describe what they are studying. Look at the two possible professions each person might pursue. Check the most likely profession each person will pursue based on his/her description.

1. _____ a. medical doctor
   _____ b. diplomat
2. _____ a. French professor
   _____ b. composer
3. _____ a. sports physician
   _____ b. professional soccer player
4. _____ a. mathematician
   _____ b. professional student

HÖRTEXT 5

H. Ein Roman. (A novel.) Listen to the beginning of Michael Kaluder's new novel. Then answer the questions.

1. Um wie viel Uhr beginnt der Roman? _____

2. Wie heißt die Hauptfigur°? _____ *main character*

3. Wer ruft zuerst° an? _____ *first*

4. Was wissen wir von der Hauptfigur? Check all answers that apply.

_____ a. Er hört gern Musik.

_____ b. Er ist Student.

_____ c. Er ist verheiratet.

_____ d. Er ist ledig.

_____ e. Er ist sehr sportlich.

_____ f. Er macht eine Reise.

5. Was macht Janus nach° dem Telefongespräch°? Schreiben Sie auf Deutsch.

after / telephone conversation

_____

_____

_____

_____

6. Was meinen Sie, wer ruft um zehn Uhr an? _____

· K A P I T E L · D R E I ·

Was gibt es in Heidelberg und Mannheim zu tun?

Hörtexte aus dem Buch

ANLAUFTEXT: WAS HALTEN WIR VON ANNA? WAS HÄLT SIE VON UNS?

(See page 81 of your textbook.)

ACTIVITY 19: IN DER BÄCKEREI

(See page 97 of your textbook.)

ABSPRUNGTEXT: HEIDELBERG UND MANNHEIM

(See page 99 of your textbook.)

ZIELTEXT: FAHREN WIR NACH HEIDELBERG ODER NACH MANNHEIM?

(See page 114 of your textbook.)

Weitere Hörtexte und Übungen

Wortdetektiv. Before listening to the texts for this chapter, look at the German words in the left column. These are words you will hear in the texts, and they may be unfamiliar to you. Take a moment to see if you can guess their meanings. When you are done, you may look at the answers at the bottom of the page.

Deutsch	Englisch
1. Bus	a. finished
2. mir	b. second
3. zweites	c. lovesickness
4. mit	d. naturally
5. Liebeskummer	e. bus
6. Pläne	f. together
7. zusammen	g. me
8. natürlich	h. with
9. fertig	i. plans

Answers: 1. e; 2. g; 3. b; 4. h; 5. c; 6. i; 7. f; 8. d; 9. a

HÖRTEXT 1

A. Katja und Erika machen Pläne. Katja Günther and her friend Erika are making plans for the weekend. Listen to their telephone conversation. Then read the statements and check **richtig** if the statement is true. Check **falsch** if the statement is false.

	Richtig	Falsch
1. Katja and her mother are going to go shopping together.	_____	_____
2. Erika doesn't want to do the fitness course.	_____	_____
3. Katja and Erika decide to do the course in the afternoon.	_____	_____
4. Erika and Katja are going to bring a big picnic on the course.	_____	_____
5. In the evening, Katja and Erika are going to go to the movies.	_____	_____

HÖRTEXT 2

B. Katja spricht mit ihrer Mutter. Listen to the following conversation between Katja and her mother. Check who is making each statement.

	Katja	Uschi
1. Anna kommt morgen an.	_____	_____
2. Du vergisst alles.	_____	_____
3. Vielleicht möchte sie mitgehen.	_____	_____
4. Aber sie möchte vielleicht ein bisschen schlafen.	_____	_____
5. Na, dann kann ich mit Erika doch den Trimm-dich-Pfad machen.	_____	_____
6. Morgen fährst du mit zum Flughafen, und dann bleibst du bei der Familie.	_____	_____
7. Was machen wir in Heidelberg?	_____	_____
8. Wir gehen in der Stadt spazieren und vielleicht ins Museum.	_____	_____
9. Wie lange bleiben wir?	_____	_____
10. Langweilig ist es nicht im Café am Theater.	_____	_____

C. Noch einmal: Katja und ihre Mutter. Listen to the conversation between Katja and her mother again. Following the conversation, you will hear Katja ask four questions. Below are two responses for each question. Check the responses that best answer Katja's questions, based on her conversation with her mother.

1. ____ a. Ich weiß es im Moment nicht.

   ____ b. Anna kommt morgen an.

2. ____ a. Wir machen den Trimm-dich-Pfad.

   ____ b. Wir gehen spazieren und ins Museum.

3. ____ a. Bestimmt nicht.

   ____ b. Vielleicht.

4. ____ a. Ja, im Café am Theater.

   ____ b. Ja, wir essen am Flughafen.

HÖRTEXT 3

D. Katja ruft Erika an. It was inevitable. Katja must call Erika back and change their plans for doing the fitness course. Listen to their conversation. Then complete the sentences by filling in the correct coordinating conjunctions.

1. Katja kann am Samstag nicht spazieren gehen, _____ ihre Kusine aus Amerika kommt am Samstag an.

2. Gehen Erika und Katja am Samstagabend in die Disko, _____ muss Katja zu Hause bleiben?

3. Katja möchte tanzen gehen, _____ ihre Kusine möchte vielleicht ein bisschen schlafen.

4. Sie gehen Montagabend nicht tanzen _____ schwimmen.

5. Am Montagabend gehen Katja, Erika und Anna schwimmen, _____ dann gehen sie in das Kleine Café.

HÖRTEXT 4

E. Was kaufen wir? Erika and her father are preparing their grocery list. Listen as they prepare their list and circle the items you hear mentioned.

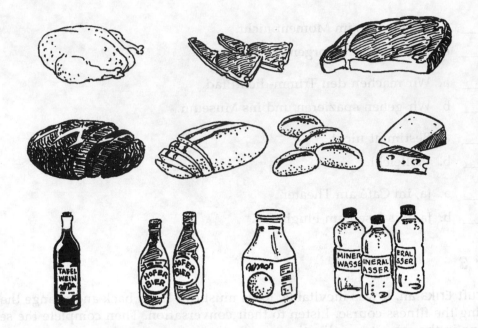

HÖRTEXT 5

F. Einkaufen gehen. Listen to Erika and her father's conversations as they do their shopping. Each item they purchase is listed here. The lists also indicate amounts and prices. Circle the correct amounts and prices.

Neue Vokabeln

geschnitten	*sliced*
der Blauschimmelkäse	*blue cheese*
die Schinkenwurst, ⸚e	*ham-bologna loaf*

KÄSE		
115g	150g	Schweizer Käse
+200g	100g	Blauschimmelkäse
7,30[1]	2,70	DM

HÄHNCHEN UND FLEISCH

etwa 1000g ———————— DM 9,30
Hähnchen ——— DM 4,20
etwa 100g ———————— DM 7,60

100g ———————— DM 2,00
Schinkenwurst ——— DM 20,20
150g ———————— DM 3,20

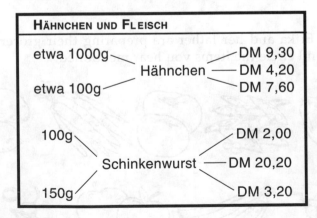

---

[1] German speakers use a comma to indicate decimal places in numbers.

HÖRTEXT 6

G. Ein Roman. In Chapter 2 of the Lab Manual, you heard the beginning of Michael Kaluder's new novel. Herr Kaluder has been working on chapter two. Listen to it and then answer the questions.

1. Mit wem spricht Janus am Telefon? _____

2. Was spielen Janus und seine Freunde? _____

3. Was haben die Männer nach dem Spiel vor? _____

4. Wohin fahren sie? _____

5. Was sagt ein Mann über° Janus? _____   *about*

H. Wer hat meine Zeitung? Claudio's stuff is everywhere and he can't find anything. Listen to his questions and exclamations. Here are two possible responses from his mother. Check the correct response to each question.

■ Wer hat meine Zeitung?

  ✔ a. Karin hat sie.   _____ b. Karin hat es.

1. _____ a. Karin hat sie.   _____ b. Karin hat es.

2. _____ a. Ich sehe ihn im Garten!   _____ b. Ich sehe es im Garten!

3. _____ a. Dein Vater schaut euch an.   _____ b. Dein Vater schaut sie an.

4. _____ a. Du findest ihn schon.   _____ b. Du findest es schon.

5. _____ a. Nein, ich gehe am Nachmittag   _____ b. Nein, ich gehe am Nachmittag
        einkaufen. Ich kaufe ihn dann.   einkaufen. Ich kaufe sie dann.

6. _____ a. Ich höre dich nicht.   _____ b. Ich höre mich nicht.

HÖRTEXT 7

I. Zwei Freunde. Two friends, Inge and Monika, have met and are talking about what's happened in their families over the years. They haven't seen each other since they finished **Gymnasium** (a type of secondary school). Listen to their conversation and check **Inges Familie** or **Monikas Familie** to indicate whether a person is in Inge's family or in Monika's family.

Neue Vokabeln

der Junge	*young boy*
das Mädchen	*young girl*

	Inges Familie	Monikas Familie
1. Klaus	_____	_____
2. Uli	_____	_____
3. Sabine	_____	_____
4. Enkelkinder	_____	_____
5. Carlos	_____	_____
6. Max	_____	_____
7. Eltern	_____	_____

J. Noch einmal: Zwei Freunde. Listen again to Inge and Monika's conversation and then circle the name of the person described in each statement.

1. Seine Frau heißt Inge.

   Max   Klaus   Carlos

2. Monika und Inge kennen seinen Vater aus der Schule.

   Carlos   Max   Klaus

3. Ihre Kinder sind 3 und 5 Jahre alt.

   Inge   Uli   Sabine

4. Ihr Mann kommt aus Kanada.

   Inge   Monika   Sabine

5. Ihr Studienfach ist Chemie.

   Max   Uli   Sabine

6. Sein Studienfach ist Medizin.

   Max   Uli   Sabine

7. Ihre Eltern wohnen im Winter in Florida.

   Sabine   Max   Monika

8. Ihre Tochter spielt gern Golf.

   Monikas Eltern   Inge und Klaus

9. Seine Eltern sind geschieden.

   Max   Klaus   Carlos

10. Ihre Mütter sind Freundinnen.

    Uli, Sabine und Max   Inge und Klaus   Monika und Carlos

·KAPITEL·VIER·

Unterwegs

ANLAUFTEXT: MUTTERS RATSCHLÄGE

(Sie hören den Anlauftext „Mutters Ratschläge". Siehe Seite 126 und Seiten 128–129 Ihres Lehrbuches°. Hören Sie sich den Text ein paar Mal an. Machen Sie Ihr Lehrbuch zu, bevor Sie den Text das erste Mal hören. Machen Sie das zweite Mal Ihr Lehrbuch auf und lesen Sie mit.)

Ihres Lehrbuches: of your textbook

ABSPRUNGTEXT: SICHERHEITSINFO NR. 8: FAHRRAD FAHREN

(Sie hören jetzt eine Aufnahme° des Absprungtexts „Sicherheitsinfo Nr. 8: Fahrrad fahren". Der Text steht auf Seite 147 Ihres Lehrbuches.)

recording

ZIELTEXT: ENDLICH UNTERWEGS!

(Es folgt der Zieltext „Endlich unterwegs!" Eine visuelle Repräsentation des Texts steht auf Seite 166 Ihres Lehrbuches. Hören Sie sich den Text ein paar Mal an – zuerst mit dem Buch zu und dann mit dem Buch auf.)

Weitere Hörtexte und Übungen

HÖRTEXT 1

A. Wer ist die Diebin? Unsere Diebin aus Kapitel 1 des Hörprogrammes ist noch immer aktiv. Sie stiehlt weiterhin° Bücher. Jetzt hören Sie ein Gespräch° zwischen° Inspektor Prachner und Frau Katz. Frau Katz hat die Diebin gesehen° und sagt Detektiv Prachner, wie sie aussieht. Hören Sie gut zu. Ergänzen Sie dann die Beschreibung.

stiehlt weiterhin: continues to steal / conversation / between
hat gesehen: saw

Neue Vokabeln

flach *flat*

Die Diebin ist _____ und ein bisschen mollig. Sie hat

_____, _____, _____ Haare und

_____ Augen. Sie trägt einen dunkelblauen _____.

Sie trägt eine beige _____ und flache, blaue _____.

Sie trägt auch einen _____. Der Mantel ist auch _____.

Sie trägt _____ Handtasche, aber einen _____.

Sie sieht sehr _____ und _____ aus. Sie ist

_____ bis _____ Jahre alt.

Wortdetektiv. Bevor Sie sich den nächsten Text anhören, schauen Sie sich die folgenden Wörter und Ausdrücke aus dem Text an. Welche Wörter und Ausdrücke bedeuten ungefähr das Gleiche? Die Antworten sind unten.

Deutsch	**Englisch**
1. das Kostüm, -e	a. diamond necklace
2. der Anzug, ⸚e	b. costume; woman's suit
3. die Diamantenkette, -n	c. man's suit
_____	
4. aus dem feinsten Leinen	d. lined
5. gefüttert	e. (made) from cotton
6. aus indischer Seide	f. (made) from the finest linen
7. das Leder	g. (made) from Indian silk
8. aus Baumwolle	h. leather
_____	
9. mit dem lockeren Schnitt der Hosen	i. underneath
10. zieht jetzt die Jacke aus	j. now takes off the jacket
11. darunter	k. with the loose cut of the pants

HÖRTEXT 2

B. Modeschau° in Düsseldorf. Düsseldorf ist das Modezentrum Deutschlands. Viermal° im Jahr treffen sich dort Designer aus der ganzen Welt°, um ihre neue Kollektion zu präsentieren. Für jedes° Modell sehen Sie zwei Zeichnungen°. Hören Sie sich die Präsentation an und kreuzen Sie die richtige Zeichnung an.

fashion show
Four times / world
each / drawings

Neue Vokabeln

die Viskose   *rayon*

a. _____   b. _____   a. _____   b. _____

Answers to **Wortdetektiv**: 1. b; 2. c; 3. a; 4. f; 5. d; 6. g; 7. h; 8. e; 9. k; 10. j; 11. i

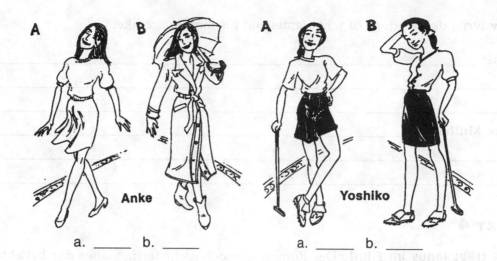

A   B   A   B

Anke   **Yoshiko**

a. ____   b. ____   a. ____   b. ____

HÖRTEXT 3

C. Ein Film. Der beliebte deutsche Filmemacher Manfred Manfred will aus dem neuen
Roman° von Michael Kaluder einen Film machen. Manfred Manfred und Michael   *novel*
Kaluder diskutieren die Eigenschaften der Figuren. Sie kennen einige Figuren –
Janus, seine Mutter, seine Freunde (Gerhardt, Rodo usw.). Hören Sie sich das
Gespräch an und kreuzen Sie die Eigenschaften jeder° Person an.   *of each*

JANUS		SEINE MUTTER	
freundlich	unfreundlich	freundlich	unfreundlich
offen	schüchtern	offen	schüchtern
locker	steif	locker	steif
selbstsicher	unsicher	selbstsicher	unsicher
sportlich	unsportlich	sportlich	unsportlich
klug/intelligent	dumm	klug/intelligent	dumm
ruhig	laut	ruhig	laut
kreativ	einfallslos	kreativ	einfallslos
musikalisch	unmusikalisch	musikalisch	unmusikalisch
heiter	ernst	heiter	nie lustig
fleißig	faul	fleißig	faul
interessant	langweilig	interessant	langweilig
sympathisch	unsympathisch	sympathisch	unsympathisch

Now write descriptions of what Janus and his mother are like.

Janus: _____

_____

_____

Seine Mutter: _____

_____

_____

HÖRTEXT 4

D. Was trägt Janus im Film? Der Roman ist noch nicht fertig°, aber der beliebte deutsche Filmemacher Manfred Manfred beginnt Pläne für den Film zu machen. Sie hören ein Gespräch zwischen Manfred Manfred und Adriana Haub. Frau Haub ist Kostümbildnerin°. Hier sehen Sie einige Kleidungsstücke. Schreiben Sie **1** neben die Kleidungsstücke, die Janus in der ersten Szene trägt, und **2** neben die Kleidungsstücke, die er in der zweiten Szene trägt.

finished

costume designer

■ A: Was trägt er in der zweiten Szene?
   B: Er trägt Jeans.

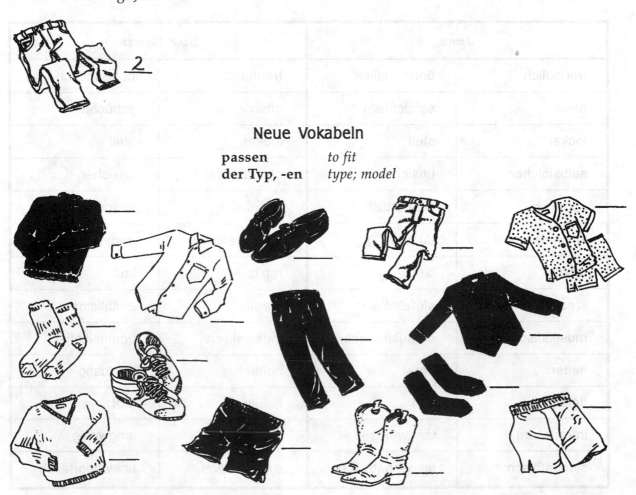

Neue Vokabeln
passen	*to fit*
der Typ, -en	*type; model*

HÖRTEXT 5

E. Noch einmal: Manfred Manfred. Jetzt sprechen der beliebte deutsche Filmemacher Manfred Manfred und die Besetzungsleiterin° über die Figur von Janus. Hören Sie sich das Gespräch an. Kreuzen Sie dann die Sätze an, die Janus richtig beschreiben.

casting director (f.)

   1. Größe°:

_____ a. Er darf nicht kleiner als ein Meter achtzig sein.

_____ b. Er muss kleiner als ein Meter achtzig sein.

height

   2. Körperbau:

_____ a. Er kann schlank oder nicht schlank sein.

_____ b. Er muss schlank sein.

   3. Haarfarbe:

_____ a. Er soll braune oder blonde Haare haben.

_____ b. Er muss braune oder blonde Haare haben.

F. Nur Katja oder Katja und Georg? Sie hören jetzt einige Aussagen von Tante Uschi. Sagt Tante Uschi nur Katja, was sie tun soll? Oder sagt Tante Uschi Katja und Georg, was sie tun sollen? Kreuzen Sie an, ob Sie den du-Imperativ oder den ihr-Imperativ hören. Sie hören jede Aussage zweimal.

	du-Imperativ	**ihr-Imperativ**
■ Steht bitte auf!	_____	✔

	du-Imperativ	**ihr-Imperativ**		**du-Imperativ**	**ihr-Imperativ**
1.	_____	_____	5.	_____	_____
2.	_____	_____	6.	_____	_____
3.	_____	_____	7.	_____	_____
4.	_____	_____	8.	_____	_____

G. Jetzt spricht Onkel Hannes. Sie hören jetzt einige Aussagen von Onkel Hannes. Soll nur Katja etwas machen? Sollen Katja und Georg etwas machen? Oder soll die ganze Familie etwas machen? Kreuzen Sie an, ob Onkel Hannes den du-Imperativ, den ihr-Imperativ oder den wir-Imperativ benutzt.

	du-Imperativ	**ihr-Imperativ**	**wir-Imperativ**
1.	_____	_____	_____
2.	_____	_____	_____
3.	_____	_____	_____
4.	_____	_____	_____
5.	_____	_____	_____

6. _____   _____   _____

7. _____   _____   _____

8. _____   _____   _____

HÖRTEXT 6:

H. Familie Günther fährt zum Flughafen. Hören Sie, wie die Fahrt° zum Flughafen   *drive*
war. Ergänzen Sie dann die Beschreibung in Ihrem Arbeitsbuch mit der richtigen
Präposition und beantworten Sie die Fragen auf Deutsch.

Neue Vokabeln

die Ecke, -n	*corner*
der Eingang, ⸚e	*entrance*
gleich	*right*

Familie Günther fährt zum Flughafen, denn Anna kommt _____

acht Uhr an. Sie fahren auf der Autobahn und nicht _____ die

Stadt. Frau Günther möchte aber _____ die Stadt fahren. Sie will

_____ Anna Blumen kaufen. Am Flughafen ist es schwer einen

Parkplatz zu finden. Wenn sie keinen Parkplatz finden, müssen Frau Günther und

die Kinder Anna _____ Herrn Günther treffen. Aber dann fahren

sie _____ die Ecke und sie finden einen Platz. Der Platz ist ein

bisschen klein _____ das Auto. Die Günthers müssen

_____ den Flughafen laufen. Sie kommen aber nicht zu spät an,

denn die Passagiere kommen noch nicht _____ den Zoll.

1. Warum können die Günthers nicht durch die Stadt fahren? _____

_____

2. Warum können sie nicht schnell einen Parkplatz finden? _____

3. Kommt Herr Günther mit in den Flughafen? _____

_____

·KAPITEL·FÜNF·
Freundschaften

Hörtexte aus dem Buch

ANLAUFTEXT: DIE GESCHICHTE VON TANTE USCHI UND ONKEL HANNES

(Siehe Seite 174 und Seiten 175–177 Ihres Lehrbuches.)

ABSPRUNGTEXT: „EIN FREUND, EIN GUTER FREUND ... DAS IST DAS SCHÖNSTE, WAS ES GIBT AUF DER WELT"

(Siehe Seiten 194–197 Ihres Lehrbuches.)

ZIELTEXT: EIN GESPRÄCH MIT OPA UND OMA KUNZ

(Siehe Seite 210 Ihres Lehrbuches.)

Weitere Hörtexte und Übungen

HÖRTEXT 1

A. Michael Kaluders Roman: Kapitel drei. Sie hören jetzt Kapitel drei von Michael Kaluders Roman, „Die große Liebe". Hören Sie sich das Kapitel ein paar Mal an und bringen Sie die folgenden zehn Bilder von der Geschichte in die richtige Reihenfolge.

_____   _____   _____

———— ———— ————

———— ———— ————

HÖRTEXT 2

B. Was haben sie gemacht? In Kapitel 3 haben Katja und Erika für Montag Pläne gemacht. Es ist jetzt Dienstag früh. Katja und ihre Kusine Anna erzählen Katjas Mutter, was sie alles am Montag mit Erika gemacht haben. Hören Sie sich das Gespräch an und kreuzen Sie an, wer die Aussagen macht: Tante Uschi, Katja oder Anna.

	Tante Uschi	Katja	Anna
1. Seid ihr gut ausgeschlafen?	————	————	————
2. Der Pfad hat Spaß gemacht.	————	————	————
3. Ich glaube, wir haben den Pfad in weniger als drei Stunden gemacht.	————	————	————
4. Wir sind fast vier Stunden gelaufen, und wir haben nicht alle Übungen gemacht.	————	————	————
5. Und wie war es im Hallenbad?	————	————	————
6. Wir sind lange geschwommen.	————	————	————
7. Wir haben Karl, Mario und Inge getroffen.	————	————	————
8. Als ihr euch gestern Abend getroffen habt, habt ihr euch umarmt und geküsst.	————	————	————

	Tante Uschi	Katja	Anna	
9. Sie haben sich am Wochenende versöhnt.	_____	_____	_____	
10. Erwin ist eifersüchtig° geworden.	_____	_____	_____	jealous
11. Hat sie mit ihm geflirtet oder nur geredet?	_____	_____	_____	
12. Mir hat das Café sehr gefallen.	_____	_____	_____	
13. Die Musik habe ich nicht zu laut gefunden.	_____	_____	_____	
14. Wir haben dort gegessen.	_____	_____	_____	
15. Hat es dir geschmeckt?	_____	_____	_____	
16. Sie haben viel getanzt.	_____	_____	_____	
17. Ich habe es schon vergessen.	_____	_____	_____	

C. Noch einmal: Katja, Anna und Tante Uschi. Sie hören das Gespräch zwischen Katja, Anna und Tante Uschi noch einmal. Nach dem Gespräch hören Sie für jedes der sieben Bilder zwei mögliche° Titel. Kreuzen Sie den passenden Titel für jedes Bild an.

1. a. _____ b. _____   2. a. _____ b. _____   3. a. _____ b. _____   4. a. _____ b. _____

5. a. _____ b. _____   6. a. _____ b. _____   7. a. _____ b. _____

D. Fragen. Hören Sie sich das Gespräch zwischen Katja, Anna und Uschi noch einmal an. Nach dem Gespräch hören Sie sieben Fragen zum Gespräch. Hier finden Sie zu jeder Frage drei mögliche Antworten°. Kreuzen Sie die richtige Antwort an. Sie hören jede Frage zweimal.   *answers*

1. _____ a. Sie haben getanzt.   _____ b. Sie sind gelaufen.

_____ c. Sie sind geschwommen.

2. Voom Voom _____   Das Kleine Café _____

3. _____ a. Sie sind ein bisschen geschwommen.

     _____ b. Sie sind nur in die Sauna gegangen.

     _____ c. Sie sind geschwommen und in die Sauna gegangen.

4. _____ a. Anna hat Volker kennen gelernt.

     _____ b. Anna, Katja und Erika haben Freunde getroffen.

     _____ c. Katja hat mit Erwin geflirtet.

5. _____ a. Sie haben sich gestritten und dann getrennt.

     _____ b. Sie haben sich versöhnt.

     _____ c. Sie haben sich verlobt.

6. _____ a. Sie hat einen Hamburger mit Spiegelei gegessen.

     _____ b. Sie hat Volker kennen gelernt.

     _____ c. Sie hat nichts gemacht.

7. _____ a. Sie haben gegessen.

     _____ b. Sie haben gelesen.

     _____ c. Sie sind schlafen gegangen.

HÖRTEXT 3

E. Radio Vorsprung bringt den Wetterbericht. Sie hören jetzt einen Wetterbericht für Europareisende. Schreiben Sie das Wetter für jede Stadt auf.

BERLIN			
	DIENSTAG	**MITTWOCH**	**DONNERSTAG**
das Wetter	*sonnig + trocken schwacher Südostwind*	*sonnig + trocken*	*heiter*
Höchsttemperatur	*17*		
Tiefsttemperatur	*2*		

KOPENHAGEN			
	DIENSTAG	**MITTWOCH**	**DONNERSTAG**
das Wetter			
Höchsttemperatur			
Tiefsttemperatur			

LONDON			
	DIENSTAG	**MITTWOCH**	**DONNERSTAG**
das Wetter			
Höchsttemperatur			
Tiefsttemperatur			

MADRID			
	DIENSTAG	**MITTWOCH**	**DONNERSTAG**
das Wetter			
Höchsttemperatur			
Tiefsttemperatur			

PARIS	DIENSTAG	MITTWOCH	DONNERSTAG
das Wetter			
Höchsttemperatur			
Tiefsttemperatur			

WIEN	DIENSTAG	MITTWOCH	DONNERSTAG
das Wetter			
Höchsttemperatur			
Tiefsttemperatur			

HÖRTEXT 4

F. Wann? Wo? Sie hören fünf kurze Gespräche. Für jedes Gespräch sehen Sie zwei Jahreszeiten und zwei Orte. Kreuzen Sie an, wann und wo das Gespräch höchstwahrscheinlich° stattfindet°. Sie hören jedes Gespräch zweimal.

most probably / takes place

1. a. _____ im Frühling   b. _____ im Café
      _____ im Sommer   _____ im Kino

2. a. _____ im Sommer   b. _____ beim Skilaufen
      _____ im Winter   _____ im Hallenbad

3. a. _____ im Herbst   b. _____ an der Uni
      _____ im Sommer   _____ am Bahnhof

4. a. _____ im Frühling   b. _____ vor° der Bäckerei   *in front of*

   _____ im Herbst   _____ vor der Bibliothek

5. a. _____ im Winter   b. _____ im Plattengeschäft

   _____ im Sommer   _____ zu Hause

HÖRTEXT 5

G. Wann? Wo? Was? Beate und Carlo planen eine Reise. Hören Sie sich ihr Gespräch an. Beantworten° Sie dann die folgenden Fragen.   *answer*

1. In welcher Jahreszeit findet das Gespräch statt°?   ***findet statt:*** *takes place*

   _____

2. Wohin fahren Beate und Carlo?

   _____

3. Wie soll das Wetter dort sein?

   _____

4. Was für Kleidung nehmen sie mit?
   Carlo: _____

   _____

   Beate: _____

   _____

H. Fragen beantworten. Sie hören jetzt fünf Fragen. Für jede Frage sehen Sie drei Antworten. Kreuzen Sie die richtige Antwort an. Sie hören jede Frage zweimal.

1. _____ a. Nein. Das haben wir nicht gemacht, weil wir kein Geld gehabt haben.

   _____ b. Ja, aber ich weiß nicht, ob wir Brot brauchen.

   _____ c. Ja, aber wir gehen erst morgen.

2. _____ a. Ich weiß nur, dass sie groß ist und dass sie lange, braune Haare hat.

   _____ b. Ich weiß nicht, ob er sie angerufen hat.

   _____ c. Sie trägt einen Wintermantel, weil es kalt ist.

3. _____ a. Ich weiß nicht, ob sie sich verlobt haben.

   _____ b. Ich glaube, weil sie sich lieben.

   _____ c. Ich weiß, dass sie sich getrennt haben.

4. _____ a. Ich weiß nicht, ob sie sich schon entschieden hat.

   _____ b. Ich glaube, dass sie zu zweit fahren.

   _____ c. Sie kann nicht fliegen, weil sie Angst hat.

5. _____ a. Ich weiß nicht, ob sein Freund das Geschenk gekauft hat oder nicht.

_____ b. Ich glaube, dass ich den Freund kenne.

_____ c. Sein Freund ist noch nicht angekommen, weil sein Flug Verspätung hat.

I. Logisch oder unlogisch? Sie hören fünf Aussagen oder Fragen. Nach jeder Aussage oder Frage hören Sie eine Antwort. Wenn die Antwort logisch ist, kreuzen Sie **logisch** an. Wenn die Antwort unlogisch ist, kreuzen Sie **unlogisch** an. Sie hören jede Aussage und Frage zweimal.

	logisch	**unlogisch**
1.	_____	_____
2.	_____	_____
3.	_____	_____
4.	_____	_____
5.	_____	_____

·KAPITEL·SECHS·
Willkommen in Tübingen

Hörtexte aus dem Buch

ANLAUFTEXT: ANNA ZIEHT IM WOHNHEIM EIN

(Siehe Seite 216 und Seiten 218–219 Ihres Lehrbuches.)

ABSPRUNGTEXT: „AM KOPIERER" VON BIRSEN KAHRAMAN

(Siehe Seite 232 und Seiten 234–235 Ihres Lehrbuches.)

ZIELTEXT: GESPRÄCH IN DER GEMEINSCHAFTSKÜCHE

(Siehe Seite 252 Ihres Lehrbuches.)

Weitere Hörtexte und Übungen

Wortdetektiv: Anna packt aus. Welche Wörter und Ausdrücke bedeuten ungefähr das Gleiche?

Deutsch	Englisch
1. Kleiderbügel	a. to hang up
2. aufhängen	b. tacks
3. Reißnägel	c. tape (*similar to Scotch™ tape*)
4. Tesafilm®	d. clothes hanger(s)
5. bequem	e. to store in the cellar
6. entwerfen	f. locked up
7. an die Arbeit	g. comfortable
8. im Keller abstellen	h. to design
9. abgeschlossen	i. (let's get) to work

Answers: 1. d; 2. a; 3. b; 4. c; 5. g; 6. h; 7. i; 8. e; 9. f

Hörtext 1

A. Anna packt aus. Sie hören ein Gespräch zwischen Anna und Fabio. Fabio wohnt im selben Studentenwohnheim wie Anna. Hören Sie sich das Gespräch an. Kreuzen Sie dann an, ob die Aussagen stimmen oder nicht.

	Ja, das stimmt.	Nein, das stimmt nicht.
1. Fabio und Anna lernen sich erst kennen.	_____	_____
2. Fabio wohnt in Zimmer 320.	_____	_____
3. Fabio will, dass Anna ihm etwas leiht.	_____	_____
4. Anna hat nichts, mit dem Fabio seine Poster aufhängen kann.	_____	_____
5. Der Vater von Fabio kommt aus der Türkei.	_____	_____
6. Fabio spricht Deutsch und ein bisschen Italienisch und Türkisch.	_____	_____
7. Seine Mutter arbeitet bei einer Bank.	_____	_____
8. Anna braucht keine Kleiderbügel.	_____	_____
9. Anna möchte nicht mit Fabio einkaufen gehen.	_____	_____
10. Fabio braucht eine Pflanze und einen Wecker.	_____	_____

Hörtext 2

B. Bei Fabio. Anna und Fabio kommen vom Einkaufen zurück. Hören Sie sich ihr Gespräch an. Beantworten Sie dann die Fragen.

1. Gefällt Anna das Zimmer von Fabio?

   _____

2. Wie sieht sein Zimmer aus?

   _____

3. Was für Musik hört Fabio gern?

   _____

4. Was hat Fabio alles im Zimmer? Wählen Sie **a,b** oder **c**.

   a. ein Telefon, einen Fernseher und einen Computer
   b. eine Stereoanlage, einen Fernseher und einen Computer
   c. einen Kühlschrank, eine Stereoanlage und einen Fernseher

5. Warum hat Fabio viele Kunstbücher?

   _____

6. Warum stellt Fabio sein Fahrrad nicht im Keller ab?

   _____

C. Drei Brüder. Markus will etwas von Thomas ausleihen. Sie hören, wie Markus fünf Fragen an seinen Bruder Thomas stellt. Nach jeder Frage hören Sie zwei Antworten. Kreuzen Sie die richtige Antwort an. Achten Sie auf die Pronomen!

1. ____ a. ____ b.   4. ____ a. ____ b.
2. ____ a. ____ b.   5. ____ a. ____ b.
3. ____ a. ____ b.

D. Geburtstagsgeschenke. Sie hören einige Fragen und Antworten. Ergänzen Sie die Sätze mit den fehlenden Pronomen.

■ Was kaufst du Andrea zum Geburtstag?
   Ich kaufe _____*ihr*_____ ein Wörterbuch.

1. Ich kaufe _____ ein Wörterbuch.

2. Schenken wir _____ ein neues Fahrrad zum Geburtstag.

3. Ja, er gibt _____ einen roten Pullover.

4. Nein, wir haben _____ ein Video geschenkt.

5. Schenken wir _____ Theaterkarten.

HÖRTEXT 3

E. Was schenken wir wem? Annas Großeltern machen ihre Einkaufsliste für Weihnachten. Hören Sie sich ihr Gespräch an und schreiben Sie auf, was die Großeltern für jede Person kaufen. Kreuzen Sie dann an, ob die folgenden Aussagen stimmen oder nicht. Wenn eine Aussage nicht stimmt, schreiben Sie, was stimmt.

Die Großeltern kaufen für ...

Anna: _____   Katja: _____

Jeff: _____   Georg: _____

Hannelore: _____   Uschi: _____

Bob: _____   Hannes: _____

	Ja, das stimmt.	Nein, das stimmt nicht.
1. Oma und Opa Kunz diskutieren, was sie der Familie Adler zu Weihnachten schenken.	____	____
2. Frau Kunz will ihrem Enkel Jeff ein Wörterbuch kaufen.	____	____
3. Herr Kunz möchte seiner Enkelin Katja ein paar CDs kaufen.	____	____

4. Sie möchten ihrem Enkel Georg einen
   Basketball schenken.   _____   _____

   _____

5. Sie möchten ihrer Tochter Hannelore eine
   Tasche schenken.   _____   _____

   _____

6. Sie möchten ihrer Tochter Uschi Handschuhe
   schenken.   _____   _____

   _____

7. Herr Kunz möchte seinem Schwiegersohn
   Hannes eine Kamera schenken.   _____   _____

   _____

F. **Wo sind diese Leute?** Sie hören fünf kurze Gespräche. Kreuzen Sie an, wo jedes Gespräch wahrscheinlich stattgefunden hat. Sie hören jedes Gespräch zweimal.

1. _____ a. im Wohnzimmer   _____ b. im Bad   _____ c. im Schlafzimmer

2. _____ a. auf dem Balkon   _____ b. in der Diele   _____ c. in der Küche

3. _____ a. im Wohnzimmer   _____ b. in der Küche   _____ c. im Bad

4. _____ a. im Wohnzimmer   _____ b. im Gästezimmer   _____ c. in der Diele

5. _____ a. im Garten   _____ b. in der Garage   _____ c. im Gang

G. **Frage und Antwort.** Sie hören zehn Fragen. Nach jeder Frage hören Sie zwei Antworten. Kreuzen Sie die richtige Antwort an. Sie hören jede Frage und Antwort zweimal.

1. _____ a. _____ b.   6. _____ a. _____ b.

2. _____ a. _____ b.   7. _____ a. _____ b.

3. _____ a. _____ b.   8. _____ a. _____ b.

4. _____ a. _____ b.   9. _____ a. _____ b.

5. _____ a. _____ b.   10. _____ a. _____ b.

H. **Logisch oder unlogisch?** Sie hören acht kurze Gespräche. Wenn das Gespräch logisch ist, kreuzen Sie **logisch** an. Wenn das Gespräch unlogisch ist, kreuzen Sie **unlogisch** an. Sie hören jedes Gespräch zweimal.

logisch	unlogisch		logisch	unlogisch
1. _____	_____	5.	_____	_____
2. _____	_____	6.	_____	_____
3. _____	_____	7.	_____	_____
4. _____	_____	8.	_____	_____

Name _____ Klasse _____ Datum _____

I. **Im Klassenzimmer von Frau Stein.** Es ist Freitag früh. Die Schüler von Frau Stein haben ihre Hausaufgaben nicht gemacht. Hören Sie sich die vielen Ausreden° an. *excuses*
Welche Ausrede passt zu welcher Person?

1. _____ Stefan Lange   a. Mir hat ein Zahn wehgetan.

2. _____ Susanne Meier   b. Der Bauch hat mir wehgetan.

3. _____ Michael Rohde   c. Ich habe Kopfweh gehabt.

4. _____ Monika Hauser   d. Mein Hund hat die Hausaufgaben gefressen.

5. _____ Melanie Jost   e. Ich hab' mir einen Finger gebrochen.

6. _____ Thomas Spranz   f. Die Augen haben mir wehgetan.

7. _____ Robert Berens   g. Ich hab' mir beim Fußballspielen die
                                Schulter verletzt°.   *injured*

HÖRTEXT 4

J. **Ein Interview mit Aydin Yardimci.** Journalistin Monika Hoegen interviewt Aydin Yardimci. Herr Yardimci ist Fleischgroßhändler° in Köln und ist Mitglied der *meat wholesaler*
TIDAF (Bundesverband Türkisch-Deutscher Unternehmervereine). Bevor Sie sich das Interview anhören, schauen Sie sich die neuen Vokabeln an. Kreuzen Sie dann an, ob die Aussagen stimmen oder nicht.

Neue Vokabeln

arm	*poor*
die Existenzgründung, -en	*the establishing of one's livelihood*
das Geschäft, -e	*business; profit*
das nötige Kapital	*the necessary capital*
der Verband, ⸚e	*association (refers to the TIDAF)*
bietet an	*offers*
Kölner Industrie- und Handelskammer	*Cologne Chamber of Commerce*
beigetreten	*joined*
der Anteil, -e	*portion*
die Behörde, -n	*authority*
die Brücke, -n	*bridge*
GUS (Gemeinschaft Unabhängiger Staaten)	*Commonwealth of Independent States (founded 1991 by Russia and 10 other Soviet republics)*
die Ausländerfeindlichkeit	*hostility to foreigners, xenophobia*
kämpfen	*to fight*

	Ja, das stimmt.	Nein, das stimmt nicht.
1. Herr Yardimci glaubt, wenn man in Deutschland fleißig arbeitet, kann man gut verdienen.	_____	_____
2. Seiner Meinung nach haben viele Türken in Deutschland nicht genug Geld, ein Geschäft zu gründen.	_____	_____

3. Viele Türken haben oft keine Erfahrung, wie man ein Geschäft oder Unternehmen gründet. Aus diesem Grund bieten die TIDAF und die

KAPITEL SECHS Lab Manual **179**

	Ja, das stimmt.	Nein, das stimmt nicht.	

Kölner Industrie- und Handelskammer
zusammen nützliche° Seminare an.   _____   _____   *helpful, useful*

4. Viele Deutsche sind Mitglieder der TIDAF.   _____   _____

5. Laut Herrn Yardimci ist der Kontakt
zwischen den deutschen und türkischen
Unternehmern sehr gut.   _____   _____

6. Herr Yardimci muss sehr stark gegen
Ausländerfeindlichkeit in Deutschland kämpfen.   _____   _____

7. Herr Yardimci ist kein deutscher Staatsbürger.   _____   _____

· K A P I T E L · S I E B E N ·

Man kann alles in der Stadt finden

Hörtexte aus dem Buch

ANLAUFTEXT: BARBARA MUSS EIN KONTO ERÖFFNEN

(Siehe Seite 266 und Seiten 267–268 Ihres Lehrbuches.)

ABSPRUNGTEXT: „SCHINDLERS LISTE" UND „DIE ABRECHNUNG"

(Siehe Seite 293 Ihres Lehrbuches.)

ZIELTEXT: IN DER BUCHHANDLUNG

(Siehe Seite 307 Ihres Lehrbuches.)

Weitere Hörtexte und Übungen

HÖRTEXT 1

A. **Die Diebin und der Detektiv.** Inspektor Prachner arbeitet immer noch an dem Fall der gestohlenen Bücher. Im Moment folgen er und sein Kollege einer Frau. Inspektor Prachner glaubt, dass diese Frau die Diebin ist. Hören Sie zu, wie sich der Fall weiter entwickelt°. Kreuzen Sie dann an, ob die Aussagen stimmen oder nicht. *develops*

	Ja, das stimmt.	Nein, das stimmt nicht.
1. Die Frau hat einen Rucksack mit.	_____	_____
2. Die Inspektoren glauben, dass die Frau in der Buchhandlung ein Buch kauft.	_____	_____
3. Die Frau fährt mit dem Bus.	_____	_____
4. Die Frau kauft in einer Buchhandlung eine Zeitung.	_____	_____
5. Die Frau fährt nicht auf die Autobahn auf.	_____	_____
6. Die Frau geht in eine Bäckerei.	_____	_____
7. Die Frau verliert etwas unter dem Auto.	_____	_____

B. Die Ereignisse°. Der Kollege von Inspektor Prachner hat einen Bericht über die *events* Ereignisse geschrieben. Aber die Reihenfolge der Ereignisse stimmt nicht. Bringen Sie die Sätze in seinem Bericht in die richtige Reihenfolge.

_____ a. Dann ist sie mit einem roten Auto zu einem Zeitungskiosk gefahren.

_____ b. Sie hat vor der Mommsenstraße 63 angehalten.

_____ c. Die Frau ist in einer Buchhandlung gewesen.

_____ d. Da hat sie eine Zeitung gekauft.

_____ e. Ich habe geglaubt, dass sie ein Buch mitgenommen hat.

_____ f. Inspektor Prachner und ich sind aus dem Auto gestiegen.

_____ g. Dann ist sie in die Mommsenstraße gefahren.

_____ h. Sie hat etwas aus dem Auto genommen.

_____ i. Etwas ist auf den Boden und unter das Auto gefallen.

C. Noch einmal: die Diebin und der Detektiv. Hören Sie noch einmal, wie Inspektor Prachner und sein Kollege der Frau gefolgt sind. Wenn Sie eine der folgenden Präpositionen hören, kreuzen Sie sie an. Welche Präposition hat die meisten Kreuze?

■ ... und blättert in einem Buch.

in: _____ X _____

an: _____

auf: _____

hinter: _____

in/im: _____

neben: _____

über: _____

unter: _____

vor: _____

zwischen: _____

D. Zum letzten Mal: die Diebin und der Detektiv. Hören Sie Inspektor Prachner und seinem Kollegen noch einmal zu. Schreiben Sie die fehlenden Artikel in die Lücken.

■ Sie steht neben der Tür ...
neben _der_ Tür

Nachdem° Sie den Text gehört haben, kreuzen Sie an, ob die Präpositionen die *After* Frage **wo?** oder **wohin?** beantworten.

Name _____ Klasse _____ Datum _____

		Wo?	Wohin?
		(dative of location)	(accusative of destination)
1. neben _____ Tür		_____	_____
2. in _____ Buch		_____	_____
3. auf _____ Boden		_____	_____
4. in _____ Hand		_____	_____
5. in _____ Hand		_____	_____
6. über _____ Straße		_____	_____
7. an _____ Ampel		_____	_____
8. zwischen _____ Frau mit dem		_____	_____
Kind und _____ Jungen			
9. zwischen _____ Lastwagen		_____	_____
und _____ Mercedes			
10. an _____ Buchhandlung		_____	_____
11. in _____ rechte Spur		_____	
12. in _____ Landtmannstraße		_____	_____
13. vor _____ Zeitungskiosk		_____	_____
14. hinter _____ Kiosk		_____	_____
15. über _____ Brücke		_____	_____
16. auf _____ Autobahn		_____	_____
17. in _____ Mommsenstraße		_____	_____
18. über _____ Bäckerei		_____	_____
19. unter _____ Auto		_____	_____

HÖRTEXT 2

E. Anna schreibt einen Brief. Zum ersten Mal, seitdem° sie in Tübingen angekommen   *since*
ist, schreibt Anna einen Brief. Hören Sie sich den Brief an. Danach hören Sie elf
Aussagen zum Brief. Kreuzen Sie an, ob die Aussagen stimmen oder nicht. Sie
hören jede Aussage zweimal.

Ja, das stimmt.	Nein, das stimmt nicht.		Ja, das stimmt.	Nein, das stimmt nicht.
1. _____	_____	7.	_____	_____
2. _____	_____	8.	_____	_____
3. _____	_____	9.	_____	_____
4. _____	_____	10.	_____	_____
5. _____	_____	11.	_____	_____
6. _____				

F. Fragen und Antworten. Sie hören jetzt neun Fragen zu Annas Brief. Nach jeder Frage hören Sie zwei Antworten. Kreuzen Sie die richtige Antwort an. Sie hören jede Frage und Antwort zweimal.

1. _____ a.   _____ b.   6. _____ a.   _____ b.

2. _____ a.   _____ b.   7. _____ a.   _____ b.

3. _____ a.   _____ b.   8. _____ a.   _____ b.

4. _____ a.   _____ b.   9. _____ a.   _____ b.

5. _____ a.   _____ b.

HÖRTEXT 3

G. Der Roman von Michael Kaluder. Sie hören jetzt das nächste Kapitel aus dem Roman von Michael Kaluder. Hören Sie sich den Text an und beantworten Sie dann die Fragen.

Neue Vokabeln

Freiheit	*freedom*
Anonymität	*anonymity*
kann man sich kaum erinnern	*one can hardly remember*

1. Wie lange ist Janus schon wieder aus dem Urlaub zurück?

_____ a. in einem Tag

_____ b. vor einem Monat

_____ c. seit zwei Wochen

2. Woran erinnert sich Janus?

_____ a. an die Reise nach Griechenland

_____ b. an die Arbeit in der Kneipe

_____ c. an den Anfang des Semesters

3. Wann fängt das Semester an?

_____ a. in einem Monat

_____ b. vor einer Woche

_____ c. in ein paar Wochen

4. Was ist das Datum am Anfang des° Romankapitels?   *of the*

_____ a. Es ist der zwölfte September.

_____ b. Es ist der fünfte September.

5. Wer kommt auf Besuch?

_____ a. Susanne

_____ b. die Mutter von Janus

_____ c. sein Freund Gerhardt

6. Wo ist diese Person am Anfang des Romankapitels?

_____ a. in Athen

_____ b. bei Janus

_____ c. im Zug

7. Wann findet die zweite Hälfte des Kapitels statt°?   °findet ... staff: *take place*

_____ a. am Wochenende

_____ b. am Samstag

_____ c. am Freitag

8. Was macht Janus?

_____ a. Er geht einkaufen, besucht seine Mutter und räumt die Wohnung auf.

_____ b. Er geht einkaufen, spielt Fußball und besucht seine Mutter.

_____ c. Er kauft ein, räumt die Wohnung auf und arbeitet in der Kneipe.

9. Wie kommt Janus ...

in die Bäckerei? _____   a. Er fährt mit dem Fahrrad.

auf den Markt? _____   b. Er geht zu Fuß.

wieder nach Hause? _____   c. Er fährt mit einem Taxi.

in das Blumengeschäft? _____   d. Er geht zu Fuß.

zu seiner Mutter? _____   e. Er fährt mit der Straßenbahn.

10. Wann, wie und wohin fährt Janus am Ende des Kapitels?

_____

_____

11. Warum kauft Janus keine roten Rosen? Was glauben Sie?

_____

_____

12. **Zum Nachdenken:** Wo wohnt Janus? Wo ist die Frau, der Inspektor Prachner und sein Kollege gefolgt sind, mit dem Auto stehengeblieben?

BRENNPUNKT KULTUR

Blumen

In den deutschsprachigen Ländern schenkt man einem Gast oft Blumen. Man bringt die Blumen zum Bahnhof oder zum Flughafen mit, wenn man jemanden abholt, oder man stellt eine Vase mit frischen Blumen in das Zimmer, in dem° der Gast übernachtet.   *in dem: in which*

Haben Sie bemerkt, wie viele Blumen Janus gekauft hat? In den deutschsprachigen Ländern kauft man immer eine ungerade° Zahl Blumen. Eine gerade Zahl bringt Unglück°.   *uneven*   *bad luck*

HÖRTEXT 4

H. Wie komme ich am besten dahin? Sie sind mit dem Zug nach Stuttgart gefahren. Sie möchten zuerst die Staatsgalerie besuchen und dann zum Schillerplatz gehen. Zwei Personen helfen Ihnen jedes Mal, den richtigen Weg zu finden. Sie stehen jetzt vor dem Hauptbahnhof und haben einen Mann gefragt, wie Sie am besten zu Fuß zur Staatsgalerie kommen. Hören Sie sich die Wegbeschreibung an, und zeichnen Sie auf dem Stadtplan ein, wie Sie am besten dorthin kommen.

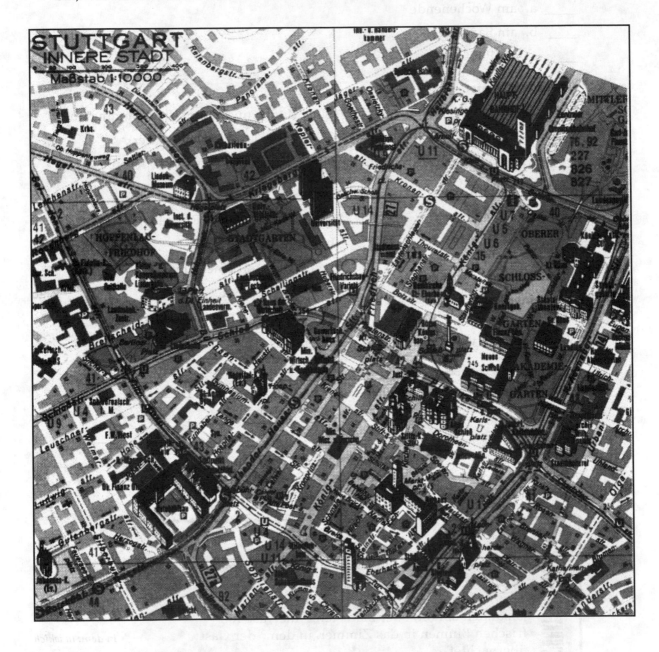

·KAPITEL·ACHT·

An der Uni studieren

Hörtexte aus dem Buch

ANLAUFTEXT: EIN GRUPPENREFERAT

(Siehe Seite 314 und Seiten 315–316 Ihres Lehrbuches.)

ABSPRUNGTEXT: WELCHE UNI IST DIE BESTE?

(Siehe Seite 332 und Seiten 335–336 Ihres Lehrbuches.)

ZIELTEXT: GESPRÄCH AUF EINER PARTY

(Siehe Seiten 353–354 Ihres Lehrbuches.)

Weitere Hörtexte und Übungen

Worthilfe: Das Referat planen. Bevor Sie sich den nächsten Text anhören, schauen Sie sich die folgende Worthilfe an. Diese Wörter kommen in dem Gespräch vor. Lesen Sie die deutschen Erklärungen.

Brutto

Wenn man über die Wirtschaft eines Landes liest, liest man oft die Wörter **Netto** und **Brutto**. **Netto** ist ein Kognat. Raten Sie mal, was diese Wörter bedeuten. Was bedeutet dann **Bruttoinlandsprodukt**?

der Anteil

Sie kennen das Verb **sich etwas teilen**. Wenn Sie sich mit jemandem etwas teilen, hat jeder einen Anteil. *Beispiel:* Zwei Räuber° haben eine Bank überfallen° und teilen *robbers / robbed* sich das Geld. Ein Räuber sagt zu dem anderen: Mein Anteil soll mehr als dein Anteil sein, denn ich habe alles geplant. Was bedeutet **Anteil**?

der Zweig

Der Mensch hat zwei Arme. Ein Baum hat viele Zweige. In der Wirtschaft spricht man auch von Zweigen. Banken haben oft Zweigstellen. Was könnte **Wirtschaftszweige** bedeuten? Können Sie einige Wirtschaftszweige nennen?

nach·schlagen

Wenn man die Bedeutung eines Wortes nicht weiß, schaut man in ein Wörterbuch, d.h. man schlägt das Wort nach. Was bedeutet **nachschlagen**?

das Unternehmen, -

die Firma. Ein **Großunternehmen** ist ein Unternehmen, das nicht klein ist.

der Betrieb, -e

die Firma. Ein **Mittelbetrieb** ist ein Betrieb, der nicht groß und nicht klein ist.

zum Schluss

am Ende

HÖRTEXT 1

A. Das Referat planen. Karl und Stefan bereiten sich auf ihr Referat vor. Sie müssen es in fünf Tagen halten. Hören Sie sich ihr Gespräch an. Kreuzen Sie dann an, ob die Aussagen stimmen oder nicht.

	Ja, das stimmt.	Nein, das stimmt nicht.	
1. Stefan glaubt, dass Karl ein gutes Thema ausgewählt hat.	_____	_____	
2. Karl und Stefan wissen viel über das Thema.	_____	_____	
3. Karl und Stefan haben schon eine Folie mit einer Landkarte Europas, aber die EU-Länder sind nicht gekennzeichnet°.	_____	_____	*indicated*
4. Karl und Stefan wissen schon, über welche deutschen Firmen sie Informationen brauchen.	_____	_____	
5. Karl und Stefan wissen schon, welche Firmen in den anderen EU-Ländern sie auf ihrer Liste angeben.	_____	_____	
6. Karl und Stefan möchten die fünf größten° Firmen in jedem Land angeben.	_____	_____	*largest*
7. Stefan geht in die Bibliothek, um die Informationen nachzuschlagen.	_____	_____	
8. Die Tante von Karl ist Angestellte° bei einem Mittelbetrieb.	_____	_____	*employee*
9. Karl und Stefan wollen Leute in englischen und französischen Firmen fragen, was sie zu der Rolle der Industrie in der Europäischen Union meinen.	_____	_____	
10. Was meinen Sie? Haben Karl und Stefan viel zu tun?	_____	_____	

Thematische Fragen: Den Eltern geht es nicht gut. Bevor Sie sich den nächsten Text anhören, beantworten Sie die folgenden Fragen für sich und machen Sie die Übung Satzdetektiv.

1. Waren Sie jemals° sehr krank? Sind Sie zum Arzt oder ins Krankenhaus   *ever*
   gegangen?

2. Haben Sie jemals einem kranken oder verletzten° Menschen geholfen?   *injured*
   Was haben Sie gemacht?

Satzdetektiv: Den Eltern geht es nicht gut. Welche Sätze bedeuten ungefähr das Gleiche? Die Antworten sind unten.

_____ 1. In seinem Alter wird man einfach nicht so schnell wieder gesund.

a. Was für Medikamente muss er nehmen?

_____ 2. Der Arzt hat gesagt, dass der Patient eine Lungenentzündung hat.

b. Er soll viel schlafen und nichts machen.

_____ 3. Sie hat ihn dazu überredet.

c. Der Arzt hat gesagt, dass er etwas an den Lungen hat.

_____ 4. Was hat der Arzt verschrieben?

d. Er ist noch krank, denn er ist alt.

_____ 5. Der Arzt will sicher sein, dass der Patient ganz ausgeruht ist.

e. Sie hat lange mit ihm geredet, und dann hat er „ja" gesagt.

_____ 6. Du kannst dir nicht vorstellen, wie sie sich Sorgen gemacht hat.

f. Sie brauchen Hilfe mit dem Kochen und der Wäsche, nicht?

_____ 7. Ich bin ins Krankenhaus gegangen, um eine Krankenschwester zu holen.

g. Ich habe im Krankenhaus jemanden gesucht, der uns hilft.

_____ 8. Ich glaube, sie hatte keine Schmerzen.

h. Er bereitet das Abendessen vor, weil es ihm Spaß macht, und er denkt nicht an die Arbeit.

_____ 9. Wie sollen sie den Haushalt machen?

i. Du kannst dir denken, dass sie Angst gehabt hat.

_____10. Hannes kocht gern – so zum Entspannen.

j. Sie sollen nicht zu viel tun.

_____11. Es ist besser, wenn die Eltern sich nicht zu viel aufregen.

k. Es hat ihr nicht wehgetan, glaube ich.

HÖRTEXT 2

B. **Den Eltern geht es nicht gut.** Uschi ruft ihre Schwester Hannelore in den USA an. Hören Sie sich zuerst das Gespräch an, dann die Fragen zu dem Text. Sie hören acht Fragen zu dem Gespräch. Nach jeder Frage hören Sie zwei Antworten. Kreuzen Sie die richtige Antwort an. Sie hören jede Frage und Antwort zweimal.

Answers to **Satzdetektiv**: 1. d; 2. c.; 3. e; 4. a; 5. b; 6. i; 7. g; 8. k; 9. f; 10. h; 11. j

Neue Vokabeln

der Sauerstoff   *oxygen*

1. _____ a. _____ b.   5. _____ a. _____ b.
2. _____ a. _____ b.   6. _____ a. _____ b.
3. _____ a. _____ b.   7. _____ a. _____ b.
4. _____ a. _____ b.   8. _____ a. _____ b.

C. Logisch oder unlogisch? Sie hören acht kurze Gespräche. Wenn das Gespräch logisch ist, kreuzen Sie **logisch** an. Wenn das Gespräch unlogisch ist, kreuzen Sie **unlogisch** an und schreiben Sie auch eine logische Antwort. Achten Sie auf die Pronomen. Sie hören jedes Gespräch zweimal.

■ A: Kennst du seinen Namen?
   B: Nein, er kann sich nicht daran erinnern.

logisch   **unlogisch**

_____   ✔_____

Nein, ich kann mich nicht daran erinnern.

1. _____   _____
   _____

2. _____   _____
   _____

3. _____   _____
   _____

4. _____   _____
   _____

5. _____   _____
   _____

6. _____   _____
   _____

7. _____   _____
   _____

8. _____   _____
   _____

HÖRTEXT 3

D. Die Morgenroutine. Stefan, Karl und Barbara überlegen sich zu dritt, eine Wohnung zu mieten°. Aber zuerst diskutieren sie, wie das Zusammenwohnen sein soll. Was sagen Barbara, Stefan und Karl über ihre Morgenroutine? Bringen Sie die folgenden Sätze in die richtige Reihenfolge.

        rent

Barbaras Morgenroutine

____ Ich stehe um sieben Uhr auf.

____ Ich putze mir die Zähne.

____ Ich ziehe mich an.

____ Ich wasche mir die Haare.

_5_ Ich schminke mich.

____ Ich dusche.

____ Ich frühstücke.

____ Ich föhne mir die Haare.

Stefans Morgenroutine

_3_ Ich rasiere mich.

____ Ich stehe früh auf.

____ Ich ziehe mich an.

____ Ich dusche.

____ Ich trinke Kaffee und esse ein Brötchen.

____ Ich putze mir die Zähne.

Karls Morgenroutine

____ Ich stehe später auf.

____ Ich trinke einen Kaffee.

____ Ich dusche.

HÖRTEXT 4

E. **Eine Lösung.** Wie lösen Barbara und Stefan das Problem mit dem Bad? Hören Sie, wie das Gespräch zu Ende geht, und bringen Sie die neue Morgenroutine von Barbara und Stefan in die richtige Reihenfolge. Beantworten Sie dann die Fragen.

Barbaras neue Morgenroutine

_4_ Sie frühstückt.

____ Sie föhnt sich die Haare.

____ Sie duscht.

____ Sie schminkt sich.

Stefans neue Morgenroutine

____ Er kocht Kaffee.

____ Er isst etwas zum Frühstück.

____ Er rasiert sich.

____ Er duscht.

1. Will Barbara mit Stefan Frühstück essen?

_____

2. Was meinen Sie: werden Stefan, Barbara und Karl zusammen eine Wohnung mieten?

_____

Worthilfe: die Siegener Uni. Bevor Sie sich den nächsten Text anhören, schauen Sie sich die folgende Worthilfe an. Diese Wörter kommen im Text vor. Lesen Sie die deutschen Erklärungen.

die Entspannungsmöglichkeiten
Am Wochenende will man sich entspannen. Man will keine Arbeit machen. Man geht vielleicht ins Kino oder ins Theater. Vielleicht spielt man Fußball oder Tennis. Das sind die Entspannungsmöglichkeiten.

die Außenstelle , -n; des Arbeitsamts
Zweigstelle des Arbeitsamts

Der Wohnungsmarkt ist ... leergefegt.

Wenn ein Glas **leer** ist, ist nichts drin. **Gefegt** ist das Partizip von **fegen**. Man fegt
den Boden mit einem Besen°. Wenn der Wohnungsmarkt leergefegt ist, gibt es keine *broom*
Wohnungen zu mieten.

der Saal, *pl.* Säle

Denken Sie an das Wort **Hörsaal**. Ein Saal ist ein großes Zimmer. Ein Orchester spielt
in einem Saal.

der/die Zuspätgekommene, -

Leute, die zu spät gekommen sind, sind **Zuspätgekommene**.

der Schlafsack, ⁼e

ein Sack, in dem man schläft

wird angeboten

In New York City gibt es viele Entspannungsmöglichkeiten. Es wird viel angeboten.

anderweitig

anderswo

der Nachtschwärmer, -/die Nachtschwärmerin, -nen

Leute, die in der Nacht gern etwas machen, wie zum Beispiel auf eine Party oder in
die Kneipe gehen

HÖRTEXT 5

F. Die Siegener Uni. Sie hören jetzt, was Britta Graf zu der Universität Siegen und zum
Studentenleben in Siegen zu sagen hat. Britta ist im sechsten Semester. Sie studiert Chemie
und Theologie. Kreuzen Sie dann die richtigen Aussagen zum Text an. Bevor Sie sich
anhören, was sie sagt, schauen Sie sich die neuen Vokabeln an.

Neue Vokabeln

das Studentenwerk, -e	*student services*
der Klassikliebhaber, - /	*person who likes classical music or literature*
die Klassikliebhaberin, -nen	
der Szenegänger, - /	*person who is interested in the alternative*
die Szenegängerin, -nen	*"scene"*
der Nachtschwärmer, - /	*night owl*
die Nachtschwärmerin, -nen	
sich begnügen	*to be satisfied (with)*

1. An der Universität Siegen _____.
    a. haben die Studenten keinen Kontakt mit ihren Professoren.
    b. kann ein Student/eine Studentin nur in der Sprechstunde mit dem
       Professor/der Professorin sprechen.
    c. begrüßen die Professoren die Studenten.

2. Man findet _____.
    a. leicht einen Job.
    b. keinen Job.
    c. nur schwer einen Job.

3. Wenn man zu spät in Siegen ankommt, _____.

    a. findet man schwer eine Wohnung.

    b. kann man in der Nacht in einem Saal schlafen.

    c. ist es kein Problem, eine Wohnung zu finden.

4. In Siegen _____.

    a. gibt es oft Konzerte.

    b. kann man ins Theater gehen.

    c. gibt es viele Rockkonzerte.

    d. kann man in viele Kneipen gehen.

G. Eine Geschäftsreise nach Prag. Sie hören acht Aussagen oder Fragen. Kreuzen Sie an, ob Sie das Verb im Präsens oder im Futur hören. Sie hören jede Aussage oder Frage zweimal. Beantworten Sie danach die Fragen.

	Präsens	**Futur**		**Präsens**	**Futur**
1.	_____	_____	5.	_____	_____
2.	_____	_____	6.	_____	_____
3.	_____	_____	7.	_____	_____
4.	_____	_____	8.	_____	_____

Fragen

1. Was gibt es in Prag? _____

2. Wann gibt es viel Arbeit im Büro? _____

H. Eine Autorenlesung. Ihr Freund geht zu einer Autorenlesung. Er steht vor einer Buchhandlung in der Schlange und wartet auf den Autor. Er gibt Ihnen Informationen, und Sie stellen dazu Fragen. Benutzen Sie in Ihren Fragen **wo** + Präposition oder eine Präposition + Pronomen. Sie hören acht Antworten, aber keine Fragen. Schreiben Sie die passenden Fragen. Sie hören jede Antwort zweimal.

◼ Ich warte auf den Autor.

    Auf wen wartest du? _____

◼ Ich freue mich auf seinen Besuch.

    Worauf freust du dich? _____

1. _____

2. _____

3. _____

4. _____

5. _____

6. _____

7. _____

8. _____

HÖRTEXT 6

I. Wohnheimplätze. Sie hören einen Bericht über Wohnheimplätze in Österreich. Bevor Sie sich den Text anhören, schauen Sie sich die neuen Vokabeln an. Hören Sie sich dann den Bericht an. Kreuzen Sie an, ob die Aussagen stimmen oder nicht.

Neue Vokabeln

während	*during*
günstig	*reasonable; favorable*
der Referent, -en/die Referentin, -nen	*commissioner, spokesperson*
beziehen	*to move into*
die Bewerbung, -en	*application*
der Antrag, ⸚e	*application*
der Heimträger, -	*dormitory owner*
vorweisen	*to show proof*
das Auswahlkriterium, *pl.* Auswahlkriterien	*criteria for selection*
angeblich	*supposedly*
der Vertrag, ⸚e	*contract*
abhängig von	*depending on*
das Studentenheimgesetz, -e	here: *dormitory rules and regulations*
verschieden	*different*

	Ja, das stimmt.	Nein, das stimmt nicht.	
1. In Österreich ist es leicht einen Platz in einem Wohnheim zu finden.	_____	_____	
2. Wenn man im letzten Jahr im Gymnasium ist, soll man vor Ende April anfangen, einen Platz in einem Wohnheim zu suchen.	_____	_____	
3. Man muss ein Formular ausfüllen, wenn man sich für einen Wohnheimplatz bewirbt°.	_____	_____	*applies*
4. Es ist egal°, ob man in der Schule gute Noten° bekommen hat.	_____	_____	*Es ist egal: It doesn't matt grades*
5. In Österreich bekommen Studenten nur dann einen Wohnheimplatz, wenn die Eltern wenig Geld verdienen.	_____	_____	
6. Man kann nur für zwei Jahre in einem Studentenheim wohnen.	_____	_____	
7. Am Anfang muss man sich normalerweise ein Zimmer mit einem anderen Studenten/einer anderen Studentin teilen.	_____	_____	
8. Im Studentenheim kann man machen, was man will.	_____	_____	
9. Die Einrichtungen in österreichischen Studentenheimen sind einander ähnlich°.	_____	_____	*similar*
10. In einigen Studentenheimen in Österreich werden nur Studenten untergebracht°, die das gleiche Fach studieren.	_____	_____	*werden untergebracht: are housed*

·KAPITEL·NEUN·
Arbeiten und Geld verdienen

Hörtexte aus dem Buch

ANLAUFTEXT: ICH HABE MORGEN EIN VORSTELLUNGSGESPRÄCH

(Siehe Seite 362 und Seiten 364–365 Ihres Lehrbuches.)

ABSPRUNGTEXT: RICHTIG BEWERBEN: VORSTELLUNGSGESPRÄCH

(Siehe Seite 378 und Seite 381 Ihres Lehrbuches.)

ZIELTEXT: DAS VORSTELLUNGSGESPRÄCH IN DER BIBLIOTHEK

(Siehe Seite 402 Ihres Lehrbuches.)

Weitere Hörtexte und Übungen

HÖRTEXT 1

A. **Der Roman von Michael Kaluder.** Wie Sie schon wissen, dreht der berühmte Filmemacher Manfred Manfred einen Film über den Roman von Michael Kaluder. Der Filmemacher hat eine Frau angestellt, die das Drehbuch schreiben wird. Die Drehbuchautorin hat die fertigen Kapitel gelesen und gibt jetzt eine kurze Zusammenfassung, damit sie sicher sein kann, dass sie die Geschichte richtig versteht. Hören Sie sich ihre Zusammenfassung an und beantworten Sie dann die Fragen.

    1. Wo hat die Geschichte angefangen?

        _____ a. in Tübingen

        _____ b. in Spanien

        _____ c. in Griechenland

    2. Nach wem hat die Mutter von Janus gefragt°?   *fragen nach: to ask about*

        _____ a. nach den Freunden, mit denen er Fußball spielt

        _____ b. nach seinem Chef

        _____ c. nach seiner Freundin Susanne

3. Wann ist seine Mutter nach Spanien gefahren?

_____ a. im September und im Oktober

_____ b. im Januar und im Februar

_____ c. im Februar und im März

4. Was hat Janus im August gemacht?

_____ a. Er ist nach Spanien gereist.

_____ b. Er hat eine Reise nach Griechenland gemacht.

_____ c. Er ist in Tübingen geblieben.

5. Was ist Janus im Urlaub passiert?

_____ a. Er hat Susanne kennen gelernt.

_____ b. Er hat Fußball gespielt.

_____ c. Er hat sein Geld verloren.

6. Worauf freut sich Janus im September?

_____ a. auf den Besuch seiner Mutter

_____ b. auf den Besuch seiner neuen Freundin Susanne

_____ c. auf das Fußballspiel

HÖRTEXT 2

B. Die Geschichte geht weiter. Sie hören das nächste Kapitel aus dem Roman. Das Kapitel ist etwas lang. Versuchen Sie, beim ersten Zuhören nur die wichtigen Zeitpunkte festzustellen. Beachten Sie die folgenden Sätze oder Satzteile. Beantworten Sie dann die Fragen.

• Die Tage sind sehr kurz und das Wetter viel kälter.
• In zwei Wochen ist Weihnachten.
• Die zwei Wochen im September sind schnell vorbeigegangen.
• In der zweiten Woche ihres Besuches bei Janus ...
• Nach dem Besuch bei Janus ...
• So sind die Monate vorbeigegangen.
• Aber jetzt ist das Wetter kälter.
• Die Weihnachtsfeiertage° nähern sich.   *Christmas holidays*

1. Welchen Monat haben wir, als das Kapitel anfängt?

_____ a. August   _____ b. September

_____ c. Dezember   _____ d. November

2. Welchen Monat haben wir, als das Kapitel zu Ende ist?

_____ a. Dezember   _____ b. September

_____ c. August   _____ d. November

3. Über welche Monate wird in der Mitte des Kapitels gesprochen?

_____ a. August–November   _____ b. September–Dezember

_____ c. August–September

C. Noch einmal: Janus und Susanne. Hören Sie sich den Text noch einmal an und beantworten Sie dann die Fragen. Mehr als eine Antwort kann stimmen.

Neue Vokabeln

die Malerei	*painting, fine art*
die Ausstellung, -en	*exhibition*
blass	*pale*
die Nachricht, -en	*news*
der Tapetenwechsel, -	*change of scenery* (**die Tapete:** *wallpaper;* **der Wechsel:** *change*)
die Abfindung, -en	*severance pay*

1. Was ist Susanne im August passiert?

_____ a. Sie hat ihre Stelle verloren.

_____ b. Sie hat ihre Arbeitsstelle gewechselt.

_____ c. Sie hat eine Reise nach Griechenland gemacht.

2. Wie hat sich Susanne im August gefühlt?

_____ a. Sie war böse.

_____ b. Sie hat Angst gehabt.

_____ c. Sie war glücklich.

_____ d. Sie war sehr unsicher.

3. Was macht Susanne, seitdem sie aus dem Urlaub zurück ist?

_____ a. Sie schreibt ein Buch über Interviewtipps.

_____ b. Sie besucht Janus am Wochenende.

_____ c. Sie sucht eine Stelle.

_____ d. Sie liest Bücher darüber, wie man sich auf Vorstellungsgespräche vorbeitet.

4. Susanne liest Janus aus einem Buch vor°. Was steht drin?   *liest vor: reads aloud*

_____ a. wie man sich auf ein Vorstellungsgespräch vorbereitet

_____ b. wie eine Frau eine neue Stelle bekommen hat

_____ c. der Jahresbericht° einer Computerfirma   *annual report*

5. Janus liest Susanne aus der Zeitung vor. Was steht drin?

_____ a. ein Artikel über einen Mann, der Bücher stiehlt

_____ b. ein Artikel über eine Frau, die Bücher stiehlt

_____ c. ein Artikel über eine Bande°, die Bücher stiehlt   *gang*

HÖRTEXT 3

D. Ein Blick auf Dresden. Isabel, eine Spanierin, die auch in Tübingen studiert, zeigt Anna Fotos von ihrer Reise nach Dresden. Hören Sie sich ihre Beschreibung der Stadt an und finden Sie dann für jeden Hauptsatz einen passenden Relativsatz. Hören Sie sich die Beschreibung so oft wie nötig an.

1. _____ Das ist die Oper,	a. in dem sie zu Mittag gegessen hat.	
2. _____ Das ist der Fluss,	b. in der sie den „Rosenkavalier" gehört hat.	
3. _____ Das ist die Galerie,	c. auf dem sie gefahren ist.	
4. _____ Das ist eine Porzellansammlung,	d. in der sie übernachtet hat.	
5. _____ Das ist die Terrasse,	e. vor dem sie einen Unfall° gesehen hat.	*accident*
6. _____ Das ist ein Haus,	f. in dem sie Volkskunst gesehen hat.	
7. _____ Das ist die Pension,	g. in der sie moderne Kunst gesehen hat.	
8. _____ Das ist der Bahnhof,	h. die ganz toll ist.	
9. _____ Das ist die Elbe,	i. das neben der Pension steht.	
10. _____ Das ist das Museum,	j. die durch die Stadt fließt.	
11. _____ Das ist das Café,	k. von der sie die Elbe fotografiert hat.	

E. Relativsätze. Sie hören zehn Aussagen, die einen Relativsatz enthalten. Nach jeder Aussage hören Sie ein Substantiv. Wiederholen Sie die Aussage mit dem Substantiv als neues Bezugswort. Sie hören jede Aussage zweimal.

■ Sie hören: Ich mag die Jacke, die deine Mutter dir gegeben hat. (Kleid)
Sie sagen: *Ich mag das Kleid, das deine Mutter dir gegeben hat.*

Sie hören: Ich mag das Kleid, das deine Mutter dir gegeben hat.
Sie sagen: *Ich mag das Kleid, das deine Mutter dir gegeben hat.*

HÖRTEXT 4

F. Barbara bei der Arbeit. Barbara hat einen Teilzeitjob als Fremdenführerin gefunden. Sie ruft ihre Mutter an. Hören Sie sich das Gespräch an. Ergänzen Sie dann die Sätze mit den richtigen Adjektivendungen und kreuzen Sie an, ob die Aussagen stimmen oder nicht.

	Ja, das stimmt.	Nein, das stimmt nicht.	
1. Barbara hat am Samstag ihr___ erst___ Gruppe durch die Stadt geführt.	_____	_____	
2. Am Anfang sind sie zu Fuß durch den alt___ Teil Tübingens gegangen.	_____	_____	
3. Sie haben auch eine Stadtrundfahrt° mit einem toll___ klimatisiert___° Autobus gemacht.	_____	_____	*bus tour of the city* *air-conditioned*

	Ja, das stimmt.	Nein, das stimmt nicht.	
4. Barbara findet die klein___, eng___° Straßen in der Altstadt sehr romantisch.	____	____	*narrow*
5. Ein Tourist hat ein klein___ Bild von Goethe gekauft.	____	____	
6. Mit den höflich___, kontaktfreudig___ Leuten ist Barbara auch essen gegangen.	____	____	
7. Die Leute waren alle aus derselb___ Stadt.	____	____	
8. Für Barbara war es eine leicht___ Arbeit, den ganz___ Tag Englisch zu sprechen.	____	____	
9. Zu Mittag haben sie in einem schlechten___ Restaurant gegessen.	____	____	
10. Am Abend war Barbara mit ihnen in einem laut___, rauchig___° Jazzlokal.	____	____	*smoky*

G. Lernen oder tratschen° Sie? Anna, Barbara und Inge lernen zusammen. Hören Sie sich ihre Gespräche an. Ergänzen Sie dann die Sätze mit den richtigen Formen der angegebenen° Adjektive.

gossip

given

■ groß:

_____*München*_____ ist _____*groß*_____ . _____*Hamburg*_____ ist

_____*größer*_____ . _____*Berlin*_____ ist am _____*größten*_____ .

1. groß:

_____ ist _____ . Hamburg ist

_____ . _____ ist am _____ .

2. alt:

_____ ist nicht so _____ wie Inge, aber sie ist

_____ als _____ . Inge ist die

_____ .

3. hoch:

Die _____ ist _____ . Das Empire State Building ist

_____ . Der _____ ist am _____ .

4. intelligent:

_____ ist _____ als Karl, aber

_____ ist am _____ .

5. flexibel:

Fabio ist _____ . _____ ist

_____ als Karl.

KAPITEL NEUN   Lab Manual   199

6. gut:

Die Vorlesung bei Professor Fritsche ist _____. Das Seminar

bei Professor Lenz ist aber _____, und das Seminar bei Professor Adamek ist am _____.

·KAPITEL·ZEHN·

Fest- und Feiertage

Hörtexte aus dem Buch

ANLAUFTEXT: ASCHENPUTTEL (*EIN MÄRCHEN NACH DEN BRÜDERN GRIMM*)

(Siehe Seite 416 und Seiten 419–421 Ihres Lehrbuches.)

ABSPRUNGTEXT: BRAUNWALD AUTOFREI: EIN WINTERMÄRCHEN ... HOCH ÜBER DEM ALLTAG

(Siehe Seite 436 und Seiten 441–444 Ihres Lehrbuches.)

ZIELTEXT: STEFANS PUDDINGSCHLACHT

(Siehe Seiten 461–462 Ihres Lehrbuches.)

Weitere Hörtexte und Übungen

HÖRTEXT 1

A. Die sieben Raben°. Sie hören jetzt ein Märchen von den Brüdern Grimm, das Sie vielleicht noch nicht kennen. Bevor Sie sich den Text anhören, schauen Sie sich die neuen Vokabeln an. Hören Sie sich dann das Märchen an. Kreuzen Sie danach an, ob die Aussagen stimmen oder nicht. ·   *ravens*

Neue Vokabeln

die Nottaufe, -n	emergency baptism (**die Taufe, -n**: baptism)
die Quelle, -n	spring
das Schöpfen	scooping (water)
der Krug, ⸚e	jug, pitcher
gottlos	godless
ungetauft	unbaptized
würde	would
das Geräusch, -e	noise
das Unglück, -e	(opposite of **das Glück**) misfortune, disaster
das Geheimnis bewahren	to keep the secret

	die Wahrheit	truth
	beschloss	decided
	der Berg, -e	mountain
	der Stern, -e	star

	Ja, das stimmt.	Nein, das stimmt nicht.

1. Der Mann und seine Frau hatten sieben Töchter. ____ ____

2. Das kleine Baby ist fast gestorben. ____ ____

3. Die Jungen haben gespielt und haben das Wasser vergessen. ____ ____

4. Der Vater freute sich, dass die Jungen Raben geworden sind. ____ ____

5. Das Mädchen war eifersüchtig° auf ihre Brüder. ____ *jealous*

6. Als das Mädchen ihre Brüder suchte, trug sie einen Ring, den sie zu ihrem Geburtstag bekommen hat. ____ ____

7. Die Raben wohnten in einem Glasberg. ____ ____

8. Das Mädchen machte die Tür zum Glasberg mit dem Bein von einem kleinen Vogel auf. ____ ____

9. Im Glasberg fand sie eine böse Hexe. ____ ____

10. Am Ende sind die sieben Raben wieder Menschen geworden. ____ ____

HÖRTEXT 2

B. Eine böse Hexe? Sie kennen wahrscheinlich das Märchen von Hänsel und Gretel und der bösen Hexe, die – angeblich° – die Kinder essen wollte. Aber stimmt das wirklich? Hier geht die Geschichte weiter: Nachdem die Kinder wieder zu Hause waren, hat der Vater die Hexe verklagt°. Sie hören jetzt einen Teil des Prozesses°. Hören Sie sich den Text an. Beenden Sie dann die folgenden Sätze, indem Sie **a**, **b** oder **c** ankreuzen. Schreiben Sie die Antwort zu der Frage in 10.

allegedly

sued

des Prozesses: *of the trial*

1. Frau Hexe wohnt ____.
   a. mit ihrem Mann zusammen   b. mit ihren Kindern zusammen
   c. allein

2. In Ihrem Garten hat Frau Hexe ____.
   a. nur Blumen
   b. Tomaten, Erbsen, Bohnen und Kartoffeln
   c. Tomaten, Erbsen, Bohnen, Kartoffeln und Salat

3. Sie wäscht sich ____.
   a. mit kaltem Wasser   b. mit heißem Wasser   c. nur im Winter

4. Frau Hexe hat ____.
   a. viel Geld   b. wenig Geld   c. Gold und Perlen

5. Die Fenster in Frau Hexes Haus sind aus _____.
   a. Glas   b. Zucker   c. Lebkuchen

6. Als Frau Hexe die Kinder gehört hat, hat sie _____.
   a. geweint
   b. ihnen einen Preis gegeben
   c. einen Reim gemacht

7. Zum Essen hat sie Hänsel und Gretel _____.
   a. Äpfel und Nüsse gegeben
   b. nur Milch gegeben
   c. Zucker und Brot gegeben

8. Frau Hexe hat die Kinder nicht gleich nach Hause gebracht, weil _____.
   a. ihr Auto kaputt war
   b. sie kein Auto hatte
   c. der Vater von Hänsel und Gretel gestorben war

9. Frau Hexe sagt, sie hat Lebkuchen gebacken, weil _____.
   a. die Kinder Hunger hatten   b. sie Hunger hatte
   c. das Dach kaputt war

10. Warum wollte Frau Hexe Hänsel und Gretel nicht essen?
    _____

HÖRTEXT 3

C. **Wieder unterwegs! – Eine Reise nach Liechtenstein.** Anna und ihre Freunde haben noch ein paar Tage Urlaub gemacht. Dieses Mal sind sie nach Liechtenstein gefahren, in das kleinste deutschsprachige Land. In einem Brief erzählt sie ihren Eltern davon. Hören Sie sich ihren Brief an. Ergänzen Sie dann die Tabelle und vergleichen Sie Liechtenstein mit der Schweiz. Hören Sie sich den Brief so oft wie nötig an.

	DIE SCHWEIZ	LIECHTENSTEIN	
1. DIE FLÄCHE°	ungefähr 16.000 Quadratmeilen oder 41.000 km²		*area*
2. DIE ZAHL DER EINWOHNER°	6,8 Millionen		*population*
3. DER HAUPTFLUSS	der Rhein		
4. DIE GRENZEN	mit Deutschland, Frankreich, Italien, Österreich, Liechtenstein		
5. DER WICHTIGSTE WINTERSPORT	Skilaufen		
6. DER HÖCHSTE BERG	das Matterhorn		
7. DIE HAUPTSTADT	Bern		
8. DIE WÄHRUNG (GELD)	der Schweizer Franken		
9. DIE ANZAHL VON UNIVERSITÄTEN	8		
10. DIE WIRTSCHAFT	Banken, Versicherungen, Industrie, Tourismus		
11. DIE POLITIK	neutral		
12. DIE SPRACHEN	Deutsch, Französisch, Italienisch, Romansch (und Dialekte)		
13. DIE RELIGIONEN	halb protestantisch, halb katholisch		
14. DAS HAUPT DER REGIERUNG	ein Präsident		

HÖRTEXT 4

D. Weihnachten in Deutschland. Im Dezember hat Anna in Weinheim Weihnachten mit ihrer Tante, ihrem Onkel, ihrer Kusine, ihrem Vetter und ihren Großeltern gefeiert. Danach hat sie einen kurzen Bericht geschrieben und ihn an ihre ehemalige Deutschlehrerin in Fort Wayne geschickt, denn der Deutschklub an der Schule hat eine kleine deutsche Schulzeitung.

Hören Sie sich Annas Bericht gut an. Kreuzen Sie dann alle Verben im Imperfekt an, die Sie hören. Schreiben Sie zum Schluss den Infinitiv für diese Verben auf.

Neue Vokabeln

die Süßigkeit, -en	*sweets, candy*	die Kerze, -n	*candle*
der Nussknacker, -	*nut cracker*	die Gans, ⸚e	*goose*
das Plätzchen, -	*cookie*		

	Imperfekt	Infinitiv
aßen	_____	_____
begann	_____	_____
bekam	_____	_____
besuchten	_____	_____
blieben	_____	_____
brachten mit	_____	_____
dachte	_____	_____
freuten sich	_____	_____
gab	_____	_____
ging	_____	_____
kam an	_____	_____
kamen	_____	_____
kaufte	_____	_____
konnte	_____	_____
machte	_____	_____
machte auf	_____	_____
sah aus	_____	_____
sangen	_____	_____
schmückte	_____	_____
war	_____	_____
waren	_____	_____

E. Noch einmal: Weihnachten in Deutschland. Hören Sie sich Annas Bericht noch einmal an. Danach hören Sie sechs Aussagen zu dem Text. Kreuzen Sie an, ob die Aussagen stimmen oder nicht. Sie hören jede Aussage zweimal.

Ja, das stimmt.	Nein, das stimmt nicht.		Ja, das stimmt.	Nein, das stimmt nicht.
1. _____	_____		4. _____	_____
2. _____	_____		5. _____	_____
3. _____	_____		6. _____	_____

F. Was meinen Sie? Sie hören sieben Aussagen und Fragen. Für jede Aussage oder Frage sehen Sie hier zwei Varianten. Welche Variante hat dieselbe Bedeutung wie die gesprochene° Aussage oder Frage? Kreuzen Sie die richtige Variante an. Sie hören jede Aussage oder Frage zweimal.

spoken

■ ✔ a. Weißt du, wann deine Sommerferien beginnen?

_____ b. Weißt du, ob du dieses Jahr Sommerferien hast?

1. _____ a. Weißt du, wann deine Sommerferien beginnen?

_____ b. Weißt du, ob du dieses Jahr Sommerferien hast?

2. _____ a. Wann spielt der Film heute?

_____ b. Wissen Sie, ob der Film heute spielt?

3. _____ a. Als ich nach Deutschland fuhr, besuchte ich meine Großeltern.

_____ b. Wenn ich nach Deutschland fahre, besuche ich meine Großeltern.

4. _____ a. Wird es heute regnen?

_____ b. Wann regnet es?

5. _____ a. Wenn ich acht Jahre alt bin, bekomme ich ein Fahrrad.

_____ b. Ich war acht Jahre alt. Ich bekam ein Fahrrad.

6. _____ a. Immer wenn ich nach Hause kam, bekam ich Plätzchen und Milch.

_____ b. Alle kamen nach Hause und bekamen Plätzchen und Milch.

7. _____ a. Als es sonnig war, machten wir ein Picknick.

_____ b. Vielleicht ist es sonnig. Machen wir dann ein Picknick.

G. Katastrophale Urlaubserlebnisse. Jeder macht irgendwann mal einen Urlaub, in dem alles schief geht°. Sie hören fünf kurze Erzählungen, in denen verschiedene Leute über ihre Erlebnisse sprechen. Hören Sie gut zu. Was ist in jeder Erzählung zuerst passiert? Kreuzen Sie die richtige Antwort an. Sie hören jede Erzählung zweimal.

schief geht: goes wrong

■ ✔ a. den Pudding werfen

_____ b. zu einer Schlacht kommen

1. _____ a. spät ankommen

_____ b. Hotelwirt / Reservierungen nicht aufschreiben

2. _____ a. die Flugkarten kaufen

_____ b. der Freund / sich das Bein brechen

3. _____ a. gut ankommen

_____ b. die Koffer nach Deutschland schicken

4. _____ a. der Zug / abfahren

_____ b. merken / unterwegs nach Kentucky sein

5. _____ a. ein paar Monate lang Spanisch lernen

_____ b. in Spanien sein

·KAPITEL·ELF·

Geschichte und Geographie

Hörtexte aus dem Buch

ANLAUFTEXT: WAS WÜRDEST DU DANN VORSCHLAGEN?

(Siehe Seite 470 und Seiten 473–474 Ihres Lehrbuches.)

ABSPRUNGTEXT EINS: DIE GESCHICHTE BERLINS

(Siehe Seite 489 und Seiten 494–495 Ihres Lehrbuches.)

ABSPRUNGTEXT ZWEI: MAIKÄFER FLIEG! VON CHRISTINE NÖSTLINGER

(Siehe Seite 504 und Seiten 506–508 Ihres Lehrbuches.)

ZIELTEXT: ICH HABE MICH NIE WOHL GEFÜHLT

(Siehe Seite 513 Ihres Lehrbuches.)

Weitere Hörtexte und Übungen

HÖRTEXT 1

A. **Leipzig kennen lernen.** Anna und ihre Kusine Katja haben beschlossen, ein paar Tage in Leipzig zu verbringen, denn beide interessieren sich für diese alte Stadt in der ehemaligen° DDR. Anna hat sehr viel davon gehört und wollte die Stadt auch schon lange besuchen. Sie sind am Hauptbahnhof angekommen und haben eine Pension gefunden, die nicht zu teuer ist. Jetzt diskutieren sie, wie sie die Stadt am besten kennen lernen. Bevor Sie sich den Text anhören, schauen Sie sich die neuen Vokabeln an. Sehen Sie sich dann die Karte von Leipzig an. Umkreisen° Sie alles, was Anna und Katja sehen oder was der Fremdenführer erwähnt°.

former

Circle

mentions

Neue Vokabeln

der Handel *(no pl.)*	*trade*
die Messe, -n	*(trade) fair*
das Verlagswesen	*publishing (industry)*

zerstört	*destroyed*
das Jahrhundert, -e	*century*
gegründet	*founded*
das Giebeldach, ⸚er	*gable roof*

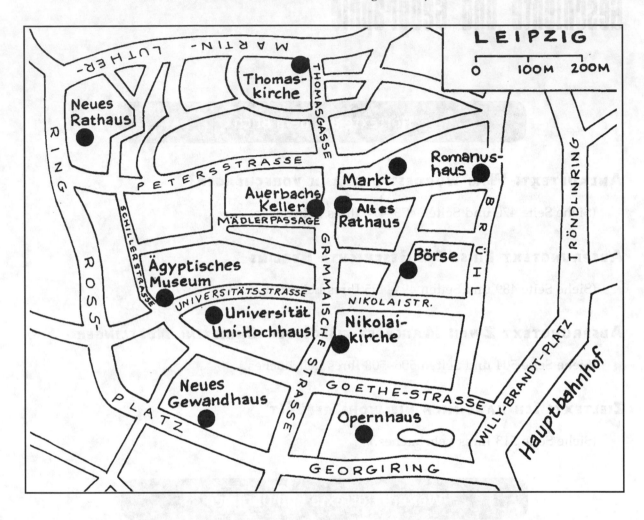

HÖRTEXT 2

B. **Die Geschichte Deutschlands.** In Kapitel 11 Ihres Lehrbuches haben Sie viel über die Geschichte Deutschlands und Berlins erfahren. Bestimmt haben Sie einiges schon gewusst, aber andere Tatsachen° waren Ihnen vielleicht neu. Sie hören jetzt *facts* eine Zusammenfassung der wichtigsten Daten der neueren deutschen Geschichte. Hören Sie gut zu und kreuzen Sie dann an, ob die Aussagen stimmen oder nicht.

Neue Vokabeln

im Vergleich zu	*in comparison to*
ehemalige	*former*
die Versprechung, -en	*promise*
die Kluft	*gap*

	Ja, das stimmt.	Nein, das stimmt nicht.
1. Der erste Kaiser des deutschen Reiches war Otto von Bismarck.	____	____
2. Otto von Bismarck hat viele Reformen eingeführt°.	____	____ *introduced*
3. Der Erste Weltkrieg war von 1914 bis 1918.	____	____
4. Die Weimarer Republik war Deutschlands zweite Demokratie.	____	____
5. Die Weimarer Republik war wirtschaftlich sehr schwach.	____	____
6. Nach dem Ersten Weltkrieg war die Inflation in Deutschland sehr hoch.	____	____
7. In den Jahren zwischen den zwei Weltkriegen gab es nicht genug Arbeiter in Deutschland.	____	____
8. Die Deutschen haben Hitler und die Nationalsozialisten gewählt, weil sie dachten, unter Hitler würde das Leben besser.	____	____
9. Nach dem Zweiten Weltkrieg wurde Deutschland in zwei Zonen geteilt: die amerikanische und die sowjetische.	____	____
10. Im Jahre 1949 wurde die Bundesrepublik Deutschland gegründet, mit Berlin als Haupstadt.	____	____
11. Im Jahre 1961 wurde die Mauer gebaut.	____	____
12. Am 3. Oktober 1990 fiel die Mauer.	____	____

HÖRTEXT 3

C. **Die Nachkriegszeit in Ost-Berlin.** Sie hören jetzt einen Auszug aus dem Roman „Die Eisheiligen" von Helga M. Novak. Die bekannte Schriftstellerin Helga Novak wurde 1935 in Berlin geboren. Während des Krieges wurde die Familie wegen der Bombenangriffe aufs Land evakuiert. Nach dem Krieg zog sie nach Ost-Berlin zurück. „Die Eisheiligen" erzählt von ihren Kriegs- und Nachkriegserlebnissen. Als 1948 die Blockade Berlins stattfand, war Novak 13 Jahre alt. Bevor Sie sich den Text anhören, schauen Sie sich die neuen Vokabeln an. Hören Sie sich den Auszug an und beantworten Sie dann die Fragen. Passen Sie auf! Mehr als eine Antwort kann richtig sein.

Neue Vokabeln

die Stromsperre	*power (electricity) cut*
die Kerze, -n	*candle*
Oderbruch	*forest on the Oder River*
durch·lassen	*to let/allow through*
die Eisenbahn, -en	*railroad*
der Lastwagen, -	*truck*
der Bauer, [-n], -n	*farmer*
betteln	*to beg*
der Gürtel, -	*belt*

1. Was ist verboten? _____

   a. Westgeld haben   b. Westzeitungen lesen   c. in die Westzonen fahren

2. Wer sitzt im Dunkeln? _____

   a. die Ostberliner   b. die Westberliner   c. die Russen

3. Was lassen die Russen nicht durch? _____

   a. Lastwagen   b. die Eisenbahn   c. Schiffe

4. Wer hat nicht genug zu essen? _____

   a. die Ostberliner   b. die Westberliner   c. die Bauern

5. Was bringen die Amerikaner nach West-Berlin? _____

   a. Westzeitungen   b. Kleider und Essen   c. Kerzen

6. Wohin fährt Karl? _____

   a. zu den Bauern   b. nach Russland   c. in den Westen

7. Was bringt Karl zurück? _____

   a. Westzeitungen   b. Kleider und Essen   c. Kerzen

8. Was macht er dann damit? _____

   a. Er verbrennt sie.   b. Er liest sie.   c. Er gibt sie den Nachbarn.

HÖRTEXT 4

D. Das Leben in der ehemaligen DDR. Martina ist zwölf Jahre alt und wohnt in Berlin. Ihre Großmutter wohnt auch in Berlin. Sie besuchen einander mindestens einmal im Monat und immer zu Fest- und Feiertagen. Vor der Wende war das aber nicht möglich, denn Martina wohnte in West-Berlin und ihre Großmutter in Ost-Berlin. Damals war Martina noch klein und sie erinnert sich nicht sehr gut daran. Jetzt interessiert sie sich für diese Zeit und stellt ihrer Oma Fragen. Hören Sie sich ihr Gespräch an. Schauen Sie sich dann die zwei Listen an. Welche Vorteile° und Nachteile° der ehemaligen DDR erwähnt° die Großmutter? Kreuzen Sie die richtigen Aussagen an.

advantages
disadvantages / mentions

1. Vorteile des Lebens in der ehemaligen DDR:

   _____ a. Im Intershop konnte man bessere Sachen kaufen.

   _____ b. Die ostdeutschen Autos – die Trabis – haben mindestens 10 bis 12 Jahren gehalten°.

   lasted

   _____ c. Fast alle Leute haben eine Arbeitsstelle gehabt.

   _____ d. Die meisten Frauen sind mit ihren Kindern zu Hause geblieben.

   _____ e. Krankenversicherung und eine gute Rente waren für fast alle da.

   _____ f. Es gab fast keine Kriminalität.

   _____ g. Man hatte keine Angst die Regierung zu kritisieren.

   _____ h. Man hat immer einen Studienplatz bekommen.

2. Nachteile des Lebens in der ehemaligen DDR:

   _____ a. Man hatte keine Reisefreiheit.

   _____ b. Es war verboten Weihnachten zu feiern.

_____ c. Man durfte nicht nach Ungarn fahren.

_____ d. Manche frischen Obstsorten waren schwer zu finden.

_____ e. Die meisten Leute hatten nicht genug Geld.

_____ f. Die besten Sachen wurden exportiert.

_____ g. Man musste jahrelang warten, um ein Auto zu bekommen.

_____ h. Viele Leute waren arbeitslos.

_____ i. Die Leute haben Angst gehabt krank zu werden.

_____ j. Man durfte keine Westzeitungen lesen.

_____ k. Studienplätze waren schwer zu bekommen.

E. Anna und Katja in Leipzig. Sie hörten schon, wie Anna und Katja in Leipzig angekommen sind und eine kurze Führung mitgemacht haben. Jetzt erfahren Sie mehr von ihren Plänen für ihren Aufenthalt in Leipzig. Sie hören zehn Aussagen. Kreuzen Sie für jede Aussage an, ob Sie den Indikativ oder den Konjunktiv hören. Sie hören jede Aussage zweimal.

Indikativ	Konjunktiv		Indikativ	Konjunktiv
1. _____	_____	6. _____	_____	_____
2. _____	_____	7. _____	_____	_____
3. _____	_____	8. _____	_____	_____
4. _____	_____	9. _____	_____	_____
5. _____	_____	10. _____	_____	_____

F. Logisch oder unlogisch? Sie hören acht Aussagen. Nach jeder Aussage hören Sie eine Antwort. Wenn die Antwort logisch ist, kreuzen Sie **logisch** an. Wenn die Antwort unlogisch ist, kreuzen Sie **unlogisch** an. Sie hören jede Aussage und Antwort zweimal.

Logisch	Unlogisch		Logisch	Unlogisch
1. _____	_____	5. _____	_____	_____
2. _____	_____	6. _____	_____	_____
3. _____	_____	7. _____	_____	_____
4. _____	_____	8. _____	_____	_____

G. Tatsachen im Passiv. Sie hören acht Aussagen im Passiv. Für jede Aussage sehen Sie hier zwei andere Sätze. Welcher Satz hat dieselbe Bedeutung wie die Aussage, die Sie hören? Kreuzen Sie den richtigen Satz an. Sie hören jede Aussage zweimal.

1. _____ a. Der Präsident besuchte Berlin.

   _____ b. Der Präsident besucht Berlin.

2. _____ a. Man hat die alten Häuser abgerissen.

   _____ b. Man reißt die alten Häuser ab.

3. _____ a. Der Soldat hat den alten Mann gerettet.

   _____ b. Der alte Mann hat den Soldaten gerettet.

4. _____ a. Man hat die Stadt renoviert.

_____ b. Man renoviert die Stadt.

5. _____ a. Man arbeitet hier schwer.

_____ b. Keiner arbeitet schwer.

6. _____ a. Das Land eroberte die Armee.

_____ b. Die Armee eroberte das Land.

7. _____ a. Man dankt dem Bürgermeister nicht.

_____ b. Man hat dem Bürgermeister nicht gedankt.

8. _____ a. Man fängt die Umbauarbeiten an.

_____ b. Man hat die Umbauarbeiten angefangen.

H. Annas Berlinbesuch. Wie Sie wissen, war Anna bei ihrem Onkel Werner in Berlin. Sie hören acht Aussagen aus einem ihrer Gespräche. In jeder Aussage hören Sie eine Form des Verbs **werden**. Aber **werden** hat nicht immer dieselbe Funktion. Manchmal ist es das Hauptverb mit der englischen Bedeutung *to become*, z.B.: **Das Auto wird alt**. Manchmal zeigt es das Futur an, z.B.: **Ich werde das Auto fahren**. Und manchmal zeigt **werden** das Passiv an, z.B.: **Das Auto wird gefahren**. Kreuzen Sie an, ob **werden** das Hauptverb ist oder Indikator für das Futur oder das Passiv. Sie hören jede Aussage zweimal.

■ Das Holz wird immer teurer.

Hauptverb	**Futur**	**Passiv**
✔	_____	_____

■ Das Flugzeug wurde abgeschossen.

Hauptverb	**Futur**	**Passiv**
_____	_____	✔

Hauptverb	**Futur**	**Passiv**
1. _____	_____	_____
2. _____	_____	_____
3. _____	_____	_____
4. _____	_____	_____
5. _____	_____	_____
6. _____	_____	_____
7. _____	_____	_____
8. _____	_____	_____

HÖRTEXT 5

I. **Eine kurze Reise nach Stuttgart.** Baden-Württemberg ist eines der schönsten Länder Deutschlands. Es liegt im Süden; der Rhein und die Donau fließen durch das Land und der Bodensee bildet die Grenze mit der Schweiz. Die Landschaft ist sehr abwechslungsreich: es gibt zum Beispiel schöne grüne Täler, den Schwarzwald und auch Berge.

Inge war übers Wochenende in Stuttgart. Es ist jetzt Dienstag früh, und Inge und Anna treffen sich in der Küche im Wohnheim. Hören Sie sich ihr Gespräch an und beantworten Sie dann die Fragen.

1. Wo in Stuttgart wohnt Inges Freundin? _____

2. Wie war das Wetter wahrscheinlich? _____

3. Warum kommen viele Touristen nach Heidelberg? _____

_____

4. Wann hat Inge Wein getrunken? _____

_____

5. Warum ist Inge nicht länger geblieben? _____

_____

· K A P I T E L · Z W Ö L F ·

Das neue Europa

Hörtexte aus dem Buch

ANLAUFTEXT: STEFAN UND ANNA SPRECHEN ÜBER IHRE ZUKUNFT

(Siehe Seite 522 und Seiten 524–525 Ihres Lehrbuches.)

ABSPRUNGTEXT: EU ZIEHT NEUE GRENZEN: DAS ÄNDERT SICH BEIM ZOLL

(Siehe Seite 537 und Seite 539 Ihres Lehrbuches.)

ZIELTEXT: STUDENTEN BESPRECHEN DIE EU

(Siehe Seite 553 Ihres Lehrbuches.)

Weitere Hörtexte und Übungen

HÖRTEXT 1

A. Der Roman von Herrn Kaluder. Wir sind fast am Ende des Romans von Herrn Kaluder angelangt. An einem Samstagvormittag im Januar ist Susanne wie üblich bei Janus. Hören Sie sich ihr Gespräch an. Kreuzen Sie dann an, ob die Aussagen stimmen oder nicht.

	Ja, das stimmt.	Nein, das stimmt nicht.
1. Am Anfang wollen Janus und Susanne am Samstagnachmittag Janus' Mutter besuchen.	_____	_____
2. Sie wollen viel Zeit mit ihr verbringen.	_____	_____
3. Susanne hat Janus' Mutter schon kennen gelernt.	_____	_____
4. Janus' Mutter hat am Nachmittag keine Zeit.	_____	_____
5. Samstagabend gehen Janus und Susanne mit Freunden ins Kino.	_____	_____
6. Am Sonntagabend fährt Susanne nach Hause.	_____	_____

	Ja, das stimmt.	Nein, das stimmt nicht.
7. Janus und Susanne werden Janus' Mutter nächstes oder übernächstes Wochenende besuchen.	____	____
8. Janus isst Sonntag bei seiner Mutter zu Mittag.	____	____
9. Janus will, dass seine Mutter ihn besucht.	____	____
10. Am Montag bewirbt sich Susanne um eine Stelle.	____	____
11. Janus bewirbt sich um ein Praktikum.	____	____
12. Susanne und Janus machen Urlaubspläne für den Sommer.	____	____

B. Noch einmal: Janus und Susanne. Sie hören das Gespräch noch einmal. Nach dem Gespräch hören Sie sechs Fragen. Für jede Frage sehen Sie hier zwei Antworten. Kreuzen Sie die richtige Antwort an. Sie hören jede Frage zweimal.

1. ____ a. Er besucht seine Mutter.

   ____ b. Er möchte seine Mutter besuchen.

2. ____ a. Sie geht einkaufen.

   ____ b. Sie würde lieber einkaufen gehen.

3. ____ a. Ja, sie würde sie gern kennen lernen.

   ____ b. Ja, sie lernt sie gern kennen.

4. ____ a. Sie fragt, ob er und Susanne am Abend zu ihr kommen könnten.

   ____ b. Sie fragt ihn, wie es ihm geht.

5. ____ a. Sie sagt, sie haben nichts ausgemacht.

   ____ b. Sie sagt, sie hätten keine Pläne machen sollen.

6. ____ a. Sie soll nicht zu viel zum Essen zubereiten.

   ____ b. Sie soll nicht spazieren gehen.

HÖRTEXT 2

C. Radio Vorsprung unterwegs! Radio Vorsprung bringt ein Interview mit Frau Krause. Hören Sie sich die Sendung ein paar mal an. Achten Sie beim ersten Zuhören nur auf einige Informationen, nicht auf alle Details. Bevor Sie sich die Sendung anhören, schauen Sie sich die Fragen an. Beantworten Sie die Fragen, während Sie zuhören.

1. Wo lebt Frau Krause?

   ____ a. in den USA   ____ b. in Deutschland   ____ c. in Österreich

2. Wo hat Frau Krause die Staatsangehörigkeit?

   ____ a. in Österreich   ____ b. in den USA   ____ c. in Slowenien

3. Welche Länder oder Ländergruppen erwähnt Frau Krause?

_____ a. die arabischen Länder

_____ b. Deutschland

_____ c. das ehemalige Jugoslawien

_____ d. die EU-Länder

_____ e. die Nicht-EU-Länder

_____ f. Österreich

_____ g. Polen

_____ h. Slowenien

_____ i. die Schweiz

_____ j. die Vereinigten Staaten/die USA

4. Wo arbeitet Frau Krause?

_____ a. bei einer Bank

_____ b. bei einem Reisebüro

_____ c. bei einer Import-Export-Firma

D. Die Sendung wird wiederholt. Hören Sie sich die Sendung von Radio Vorsprung noch einmal an. Bevor Sie sich die Sendung anhören, schauen Sie sich die Aussagen an. Hören Sie sich das Interview an. Ergänzen Sie dann die Aussagen mit den richtigen Wörtern und Ausdrücken.

1. Frau Krause ist in _____ geboren.

   a. den USA   b. Deutschland   c. Slowenien

2. Frau Krause lebt schon seit _____ Jahren im Ausland.

   a. den sechziger   b. den siebziger   c. den achtziger

3. Frau Krause hat Familie in _____.

   a. Österreich und den USA
   b. den USA und Slowenien
   c. Deutschland und Slowenien

4. Frau Krause kam ursprünglich nach Österreich, _____.

   a. um in Wien zu studieren
   b. um in Wien zu arbeiten
   c. um in Wien Urlaub zu machen

5. In Baden arbeitete Frau Krause bei _____.

   a. einer Import-Export-Firma
   b. einer Bank
   c. einem Reisebüro

6. Bei der jetzigen Arbeit hat Frau Krause viel mit _____ zu tun.

   a. den arabischen Ländern   b. den USA   c. Deutschland

7. Frau Krause muss in Österreich _____ zahlen.

   a. Steuern   b. keine Steuern

8. Frau Krause muss in den USA _____ zahlen.

   a. Steuern   b. keine Steuern

9. Um in Österreich zu arbeiten, braucht Frau Krause _____.

   a. eine Arbeitserlaubnis
   b. keine Arbeitserlaubnis

10. Um in Österreich zu leben, braucht Frau Krause _____.

    a. ein Visum   b. kein Visum

11. Frau Krauses Eltern und Brüder wohnen _____.

    a. in Deutschland   b. in den USA   c. in Slowenien

12. Frau Krause fährt _____ zu ihren Eltern.

    a. jedes Jahr   b. alle zwei Jahre

13. Frau Krause _____.

    a. hat nur österreichische Freunde
    b. hat Freunde aus vielen verschiedenen Ländern

14. Frau Krause möchte wahrscheinlich _____.

    a. in Österreich bleiben
    b. nach Amerika zurückkehren

HÖRTEXT 3

E. Das Ende des Romans. Sie hören das letzte Kapitel des Romans von Michael Kaluder. Hören Sie sich das Kapitel an. Kreuzen Sie dann an, ob die Aussagen stimmen oder nicht.

	Ja, das stimmt.	Nein, das stimmt nicht.	
1. Susanne wurde verhaftet°.	_____	_____	*arrested*
2. Janus hat Susanne seiner Mutter vorgestellt.	_____	_____	
3. Janus' Mutter hat Bilder von Susanne gesehen.	_____	_____	
4. Janus hat seiner Mutter gesagt, dass Susanne keine Stelle hat.	_____	_____	
5. Janus hat Susanne Geld gegeben.	_____	_____	
6. Susanne will, dass Janus sie im Gefängnis° besucht.	_____	_____	*jail*
7. Janus glaubt, dass Susannes Anwalt nicht sehr klug war.	_____	_____	
8. Janus liebt Susanne noch.	_____	_____	

HÖRTEXT 4

F. Die Diebin und der Detektiv. Als wir zuletzt von Inspektor Prachner hörten, waren er und sein Kollege gerade dabei, eine Frau anzusprechen. Hören Sie, wie der Fall° der gestohlenen Bücher zu Ende geht. Nach dem Text hören Sie zehn Aussagen. Kreuzen Sie an, ob die Aussagen im Passiv, im Zustandspassiv oder im Aktiv sind. Sie hören jede Aussage zweimal.   *case*

Passiv	Zustands-passiv	Aktiv		Passiv	Zustands-passiv	Aktiv
1. ____	____	____	6. ____	____	____	
2. ____	____	____	7. ____	____	____	
3. ____	____	____	8. ____	____	____	
4. ____	____	____	9. ____	____	____	
5. ____	____	____	10. ____	____	____	

G. Was meinen Sie? Beantworten Sie die folgenden Fragen. Wenn nötig, hören Sie sich Hörtext 1 und Hörtext 3 noch einmal an.

1. Es wird gesagt, dass ein Schriftsteller/eine Schriftstellerin von seinen/ihren persönlichen Erlebnissen schreiben sollte. Macht das Herr Kaluder? Was glauben Sie?

   _____

   _____

2. Wo ist der Zusammenhang° zwischen dem Roman von Herrn Kaluder und dem Fall von Inspektor Prachner?   *connection*

   _____

   _____

HÖRTEXT 5

H. Ein Happy End? Wie es oft beim Drehen eines Filmes passiert, will der Filmemacher den Schluss des Filmes ändern. Der berühmte deutsche Filmemacher Manfred Manfred erzählt jetzt Schriftsteller Michael Kaluder, wie der Film seiner Meinung nach enden soll. Bevor Sie sich seine Idee anhören, schauen Sie sich die neuen Vokabeln an. Hören Sie gut zu. Kreuzen Sie dann an, ob die Aussagen stimmen oder nicht.

Neue Vokabeln

an·locken	*to attract*
das Gefängnis, -se	*prison*
zu ihrer Verteidigung	*to her defense*
das Gericht, -e	*court*
vorbestraft	*previously convicted*
der Richter, - / die Richterin, -nen	*judge*
verurteilen	*to sentence*
die Motorhaube, -n	*hood of a car*

	Ja, das stimmt.	Nein, das stimmt nicht.	
1. Er will den Film ändern, um so viele Leute wie möglich anzulocken.	___	___	
2. In der ersten Endszene muss Susanne nicht ins Gefängnis.	___	___	
3. In der ersten Endszene muss Susanne sechs Monate ohne Bezahlung in einer Buchhandlung arbeiten.	___	___	
4. In der ersten Endszene umarmen sich Susanne und Janus, nachdem der Richter° das Urteil° vorliest.	___	___	*judge / sentence*
5. In der zweiten Endszene bekommt Susanne sechs Monate Gefängnis.	___	___	
6. In der zweiten Endszene sind Susanne und Janus am Ende wieder in Griechenland.	___	___	

7. Schreiben Sie in drei Sätzen, wie Sie den Film beenden° würden.   *end*

_____

_____

_____

_____

HÖRTEXT 6

I. **Rainer Maria Rilke.** Einer der bedeutendsten Dichter der österreichisch-ungarischen Monarchie war Rainer Maria Rilke. Sie hören zunächst eine kurze Biographie des Dichters. Danach hören Sie sechs Aussagen zum Text. Kreuzen Sie an, ob die Aussagen stimmen oder nicht. Sie hören jede Aussage zweimal.

Ja, das stimmt.	Nein, das stimmt nicht.
1. ___	___
2. ___	___
3. ___	___
4. ___	___
5. ___	___
6. ___	___

HÖRTEXT 7

J. **Herbsttag.** Sehen Sie sich das Gedicht „Herbsttag" von Rainer Maria Rilke an und versuchen Sie die Fragen zu beantworten. Lesen Sie zuerst das Gedicht. Sie müssen die Antworten nicht schreiben. Hören Sie sich zum Schluss das Gedicht an.

HERBSTTAG
Rainer Maria Rilke

Herr: es ist Zeit. Der Sommer war sehr groß.
Leg deinen Schatten° auf die Sonnenuhren,   *shadows*
und auf den Fluren° laß die Winde los.   *meadows*

Befiehl° den letzten Früchten° voll zu sein;   *command / fruits*
gieb° ihnen noch zwei südlichere Tage,   *old form of **gib***
dränge° sie zur Vollendung hin und jage°   *push, press / chase*
die letzte Süße in den schweren Wein.

Wer jetzt kein Haus hat, baut sich keines mehr.
Wer jetzt allein ist, wird es lange bleiben,
wird wachen, lesen, lange Briefe schreiben
und wird in den Alleen° hin und her   *tree-covered avenue*
unruhig wandern, wenn die Blätter treiben°.   *are blowing (in the wind)*

1. Das Gedicht heißt „Herbsttag". Wie ist der Herbst in den Ländern, in denen Rilke viel Zeit verbracht hat, z.B. in Frankreich, Deutschland, der Schweiz? Ist das Wetter und das Licht im Herbst genauso wie im Sommer? Sind Frühherbsttage anders als Spätherbsttage? Was für Obst wird im Herbst reif? In Ländern, in denen der Herbst kalt ist und es im Winter viel Schnee gibt, leben die Leute im Sommer anders als im Herbst und im Winter?

2. Das Gedicht hat drei Strophen. Wer oder was ist der Brennpunkt jeder Strophe?

3. Wen spricht der Dichter in dem Gedicht an? Wer ist der „Herr" in der ersten Strophe?

4. Was will der Dichter in der ersten Strophe von dem „Herrn" sagen?

5. Was will der Dichter von dem „Herrn" in der zweiten Strophe sagen?

6. Was beschreibt der Dichter am Anfang der dritten Strophe? Welche Jahreszeit deutet er am Ende der dritten Strophe an°?   *deutet an: hint*

7. Warum werden die Strophen immer länger? Was meinen Sie?

8. Hören Sie sich das Gedicht an. Während Sie zuhören, passen Sie auf die Verben auf und wie sich das Gefühl von Strophe zur Strophe ändert. Beachten Sie auch die Vokale in den Strophen: in der ersten Strophe gibt es viele hintere Vokale (o und u); in der zweiten Strophe gibt es mehr vordere Vokale und der Klang ist viel schärfer; in der dritten Strophe sind die Vokale lang und es gibt auch viele Diphthonge. Was ist die Wirkung° der verschiedenen Laute°? Beachten Sie auch das Reimschema: *effect / sounds*

   1. Strophe: a b a *oder* a b b a
   2. Strophe: c d d c
   3. Strophe: e f f e f

9. Welche Gefühle ruft das Gedicht in Ihnen hervor?

Unterwegs!

·VIDEO·WORKBOOK·

· S Z E N E · E I N S ·

Willkommen in Tübingen

In this video segment, Sabine is meeting her cousin Lisa, whom she hasn't seen in five years, at the train station. She is talking to her friend Julian.

Aktives Zuhören

A. Ergänzen Sie: Diktat. Fill in the dialogue segments with the words you hear in the video.

1. JULIAN: Ich _____ zu spät°, das weiß   *late*

   _____.

   SABINE: Das macht nichts°.   *Das ... nichts: That doesn't matter.*

   JULIAN: Entschuldige° bitte. _____   *Excuse me*

   heißt denn deine Kusine?

2. JULIAN: Ja, und _____ kommt sie nach Tübingen?

   SABINE: Ach, _____ will die Stadt Tübingen sehen,

   und vor allen Dingen _____ Universität.

   JULIAN: Ah. Ja. Gut. Ja, wie sieht _____ aus,

   erzähl mal.

3. SABINE: Schön, dass du da bist.

   LISA: Ja, finde _____ auch.

   SABINE: Habt _____ Lust ...? Sollen wir einen Kaffee trinken

   gehen?

   LISA: Oh ja, gerne!

B. Wichtige Informationen. Listen and watch for important information. The information you are looking for is given in English. Find out how this information is conveyed in the video and fill in the appropriate German phrase.

Neue Vokabeln

dass	*that*	**sicher**	*certain, sure*
du siehst	*you look*	**trägt Brille**	*wears glasses*
ganz anders aus als	*entirely different than*	**vor fünf Jahren**	*five years ago*
schön	*nice*		

English

German

■ Sabine's cousin's name is Lisa.

Lisa heißt sie.

1. Lisa is from Hamburg.

2. Lisa's hair is light brown or blond.

3. Lisa is somewhat chubby.

4. Julian questions Sabine's description.

5. Sabine is happy to see Lisa.

6. Lisa looks different than what
   Sabine remembered.

Schreiben Sie

C. **Wie sehen sie aus?** Write about what the characters in this video segment look like. Use words and expressions from the video and from Chapter 1 of the textbook to complete your description. In addition, use visual clues for your descriptions.

1. Lisa ist ...

Lisa hat ...

2. Sabine ist ...

Sabine hat ...

3. Julian ist ...

Julian hat ...

·S Z E N E · Z W E I ·

Meine Familie

In this video segment, Lisa is showing photographs of her sister's wedding to Sabine and Julian.

Aktives Zuhören

A. Ergänzen Sie: Diktat. Fill in the dialogue segments with the words you hear in the video.

Neue Vokabeln

dabei	*here (with me)*	**gern =**	*gerne*
eigentlich	*actually*	**sich interessieren für**	*to be interested in*
sich engagieren für	*to involve oneself in*	**vielseitig**	*multi-faceted*
fotografieren	*to take photographs*		

1. LISA: Sag mal, sind deine _____ eigentlich da diese

Woche, oder sind _____ wieder auf Reisen?

_____ sind ja immer unterwegs.

   SABINE: Ja, _____ sind verreist°, _____   *on a trip*

sind bei meinem _____ in Heidelberg.

2. JULIAN: Sag mal, was _____ du eigentlich so gerne?

   LISA: Ahm. Ja. Also ich _____ mich sehr für

Naturwissenschaften.

   JULIAN: Aha.

   LISA: Deswegen habe ich auch in der Schule jetzt Biologieleistungskurs

gewählt. Und ich _____ ein Klavier°, ich   *piano*

_____ Klavier.

   JULIAN: _____ du immer noch?

   LISA: Ja und ich _____.

   SABINE: Ja?

   LISA: Und ... Ja, und ich _____ in einem Verein°.   *club*

   SABINE: Ah.

   JULIAN: Du _____ eine vielseitige Kusine.

3. LISA: Was _____ du denn?

   JULIAN: Ich _____ hier Medienwissenschaften. Ich

   _____ gerne.

   LISA: Und du _____ hier geboren, oder _____

   von hier? Oder?

   JULIAN: Nein, ich _____ aus Stuttgart. Ich _____

   hier und _____ jetzt hier ein Zimmer.

B. Wichtige Informationen. Listen and watch for important information. The information you are looking for is given in English. Find out how this information is conveyed in the video and fill in the appropriate German phrase.

English	**German**
■ Lisa has photos with her.	*Ich habe Fotos dabei.*
1. She has two photos.	_____
2. She points out:	
a. her stepmother	_____
b. her father	_____
c. her sister	_____
3. Lisa and her sister have the same color eyes.	_____
4. Julian asks about what Lisa is interested in.	_____

Schreiben Sie

C. Was machen sie? Write about what Lisa and Julian like to do. Use words and expressions from the video and from Chapter 2 of the textbook. Begin each sentence with **Sie ...** or **Er ...** .

1. Was macht Lisa? Was lernt sie: Chemie? Biologie? Mathematik? Was spielt sie: Fußball? Tennis? Klavier? Singt sie gern oder nicht?

   _____

   _____

2. Was macht Julian? Was studiert er: Biologie? Medienwissenschaften? Was macht er gern: Fotografieren? Fliegen? Fernsehen? Wo studiert er? Wo hat er ein Zimmer?

   _____

   _____

   _____

·S·Z·E·N·E·D·R·E·I·

Ich möchte gern ...

In this video segment, Sabine goes shopping with Lisa and Julian at a farmers' market in Tübingen.

Aktives Zuhören

A. Ergänzen Sie: Diktat. Fill in the dialogue segments with the words you hear in the video.

Neue Vokabeln

brauchen	*to need*
lecker	*delicious*

1. SABINE: Ah, wir brauchen auch noch _____ und ein bisschen

 _____.

 JULIAN: Hm.

 SABINE: Magst du ...? Welchen Käse magst du _____?

 JULIAN: Ach, ich mag Gouda, Edamer, was auch immer.

 LISA: Also, ich _____ lieber Limburger Käse.

 JULIAN: Ja? Gut, dann kauf ich alles drei. Ja?

2. SABINE: Und 500 _____ Erdbeeren bitte. Danke schön.

 LISA: Mm.

 SABINE: Vielleicht noch ein paar _____? Die

 _____ sehen gut aus.

 LISA: Ja, vielleicht _____ den sauren Äpfeln. Ja.

 SABINE: Ein halbes _____?

 LISA: Mm.

3. LISA: Und von den _____. Mit dem Grünen dran.

 VERKÄUFER: _____ Bund?

 SABINE: Mm. Ein Bund Mohrrüben°. So, das wär's dann schon.   *carrots*

 VERKÄUFER: Vielen Dank.

 SABINE: _____ macht das zusammen?

VERKÄUFER:	Zusammen macht das _____ Mark und
	_____ Pfennig.
SABINE:	Mm.
VERKÄUFER:	_____ schön.
SABINE:	_____ schön.

4. JULIAN: Lisa, _____ du Lust, auf ein Afro-Brazil-Konzert zu

                     gehen? ... Nein, lass _____ ins Kino gehen.

    SABINE: Aber ins Kino, das _____ sie auch in Hamburg

                     _____.

B. Wichtige Informationen. Listen and watch for important information. The information you are looking for is given in English. Find out how this information is conveyed in the video and fill in the appropriate German phrase.

English	German
■ Sabine says they also need cheese.	*Wir brauchen auch Käse.*
1. The cherries look delicious.	_____
2. Sabine asks Julian if he prefers cherries or strawberries.	_____
3. Julian buys three kinds of cheeses.	_____
4. Sabine buys 500 grams of strawberries.	_____

Schreiben Sie

C. Was kaufen sie? Write about Sabine's purchases at the farmers' market. Use words and expressions from the video and from Chapter 3 of the textbook.

1. In the textbook, you checked items off on Sabine's shopping list. Do you remember what she bought?

Einkaufsliste

✓	Kirschen	_____	Orangen
_____	Erdbeeren	_____	Kartoffeln
_____	Käse	_____	Kopfsalat
_____	Butter	_____	Karotten (Mohrrüben)
_____	Äpfel	_____	Brot

2. Now write five sentences about what she bought. Here are some expressions of quantity:

ein bisschen • ein Pfund • ein Bund •
500 Gramm • ein halbes Kilo

■ *Sabine kauft ein Pfund Kirschen. Sie kauft ...* _____

1. _____

2. _____

3. _____

4. _____

5. _____

SZENE DREI   **Video Workbook**   **231**

·SZENE·VIER·

Denk dran!

In this video segment, Lisa is preparing to go shopping in town. She talks about what she wants to buy. Sabine tells her what she should do and what she should bring.

Aktives Zuhören

A. Ergänzen Sie: Diktat. Fill in the dialogue segments with the words you hear in the video.

Neue Vokabeln

sich auskennen   *to be familiar with*
das lohnt sich   *it's worth it*

1. LISA: Ja du, mach dir mal keine Sorgen. Wir werden dich zwar auf jeden Fall
   vermissen in der Stadt, aber Julian _____ ja, wo alles ist.
   Und der _____ sich ja aus in Tübingen. Der
   _____ die Stadt doch. Der _____ doch,
   wo er mich hinführen muss.

2. SABINE: Ja, aber schaut euch nicht nur die Jazzkeller an und setzt euch nicht nur
   in die _____.

   LISA: Ja. _____ nicht?

   SABINE: _____ auf den Hölderlinturm rauf. Es ist sehr
   _____, das lohnt sich.

B. Wichtige Informationen. As Lisa is preparing to go downtown, Sabine offers advice about what she should see and do. The sentences in the left column express Sabine's statements with a modal verb. In the right column, write what she actually says, using the imperative.

▪ Du sollst in die Stadt gehen.   *Dann geh in die Stadt ...*

1. Du sollst aber nicht direkt am
   Marktplatz kaufen.   _____

2. Du sollst ein bisschen außerhalb
   Richtung° Stiftskirche gehen.   _____

°*direction*

3. Du sollst dir keine Hose kaufen. _____

4. Du sollst für deine Mutter am besten ein Buch kaufen. _____

5. Ihr sollt euch nicht nur die Jazzkeller anschauen und euch nicht nur in die Cafés setzen. _____

6. Ihr sollt auf den Hölderlinturm raufgehen. _____

7. Ihr sollt euch das Stadtmuseum anschauen. _____

Schreiben Sie

C. Was soll sie mitbringen? Write about Lisa's preparations to go downtown and Sabine's preparations for a trip to Paris. Use words and expressions from the video and from Chapter 4 of the textbook.

1. Lisa is preparing to go downtown. Check the items that are mentioned on the video.

_____ eine Haarbürste   _____ einen Fotoapparat

_____ einen Lippenstift   _____ eine Kreditkarte

_____ einen CD-Player   _____ den Reisepass

_____ einen Regenschirm   _____ Schecks

_____ den Schlüsselbund   _____ eine Sonnenbrille

_____ einen Mantel   _____ das Portmonee

2. Imagine that Sabine is preparing to visit friends in Paris. What should she bring with her? Write sentences.

■ *Sie soll eine Haarbürste mitbringen.* _____

1. _____

2. _____

3. _____

4. _____

5. _____

234   **VORSPRUNG Arbeitsbuch**

· S Z E N E · F Ü N F ·

Freundschaften

In this video segment, Sabine talks to Lisa about how she met Julian.

Aktives Zuhören

A. Ergänzen Sie: Diktat. Fill in the dialogue segments with the words you hear in the video.

1. LISA: Oh, schön, die _____ _____.

   SABINE: Ja. Aber es ist noch stark _____.

   LISA: Oh ja, da hinten. Mm.

   SABINE: _____ Wochen _____ es auch nur _____.

   LISA: Ja?

   SABINE: Hast du den _____ dabei?

   LISA: Mm. Jaaa, hab ich dabei.

   SABINE: Gut.

   LISA: _____ du doch.

   SABINE: Es ist sehr wechselhaft° _____.   *changeable*

2. SABINE: Julian und ich sind lose _____.

   LISA: Aha.

   SABINE: Ich finde _____ sehr _____, er ist sehr

   _____, aber er ist mir viel zu _____.

3. LISA: Aha. Ja, hm. Und _____ damalige _____,

   was ist jetzt mit _____ heute?

   SABINE: Nichts mehr. Also, soweit ich _____, die machen seit

   _____ nichts mehr zusammen.

   LISA: Aja.

   SABINE: _____ sehen sich nicht mehr.

4. LISA: Wie weit ist es denn _____ bis zu Julians

Studentenwohnheim?

SABINE: Oh, wir sind _____ _____. Es ist gleich

hier um _____ Ecke.

B. Falsche Informationen. Read the following summary of the video segment. Cross out and correct any false information.

Lisa und Sabine besuchen Sia. Die Sonne scheint und es ist leicht bewölkt. Es hat

seit Monaten geregnet, und Lisa hat einen Regenmantel dabei. Lisa kennt Julian seit

ungefähr einem Jahr. Sie haben zusammen eine Skitour in den Alpen gemacht. Sie

sind mit dem Zug nach Genf gefahren. Dann sind sie zwei Tage in den Bergen

gewesen. An einem Tag war so schönes Wetter, dass Sabine unbedingt° Ski laufen   *absolutely*

wollte. Keiner wollte mitgehen. Auf dieser Reise sind sie nicht näher ins Gespräch

gekommen. Jetzt sind Julian und Sabine feste Freunde. Sabine findet ihn sehr nett.

Sie findet ihn organisiert. Lisa findet Julian recht unsympathisch. Sabine und Lisa

kommen endlich zu Sias Haus.

Schreiben Sie

C. Was haben sie zusammen gemacht? Sabine talks about how she and Julian met on a trip. Answer the questions about how they met.

1. Seit wann kennen Julian und Sabine einander?

_____

2. Was haben Julian und Sabine zusammen gemacht?

_____

3. Wohin sind sie gefahren?

_____

4. Sind sie mit dem Auto gefahren?

_____

5. Wie war das Wetter?

_____

Now think about a trip where you made a friend. Answer the following questions. Then write a paragraph about how you met this friend. Use words and expressions from the video and from Chapter 5 of the textbook.

1. Wann haben Sie sich kennen gelernt?

   _____

2. Haben Sie eine Fahrradtour gemacht?

   _____

3. Sind Sie mit dem Zug gefahren? Wohin?

   _____

4. Sind Sie auf einer Insel gewesen?

   _____

5. Wie war das Wetter?

   _____

6. Was haben Sie zusammen gemacht?

   _____

7. Wie sind Sie näher ins Gespräch gekommen?

   _____

Now write your paragraph.

_____

_____

_____

_____

_____

_____

·SZENE·SECHS·
Bei Julian

In this video segment, Julian is showing Sabine and Lisa where he lives.

Aktives Zuhören

A. Ergänzen Sie: Diktat. Fill in the dialogue segments with the words you hear in the video.

1. LISA: Oh, was ist das denn?

   JULIAN: Hm, das ist ein Poster von _____, das sind

   Sprachübungen, ich _____ Türkisch.

   LISA: Das ist aber toll. Den Film, _____ ich gesehen habe,

   _____ ist ganz schön. _____ ist mit, hm,

   mehreren _____, die ...

2. LISA: Habe ich erzählt? Mein Vater wird _____ einen schenken,

   einen Computer, wenn ich anfange ...

   JULIAN: Kriegst du einfach einen Computer _____?

   LISA: Ja, wenn ich anfange zu studieren, kriege ich einen _____.

   JULIAN: Ich habe ihn von _____ _____ geliehen.

3. LISA: Ja, sag mal, gehört _____ irgendwas überhaupt selber in

   _____ Zimmer?

   JULIAN: Doch. Und zwar alle Bücher in _____ Regal gehören

   _____.

   SABINE: Bist du _____ sicher, alle Bücher?

B. Falsche Informationen. Read the following summary of the video segment. Cross out and correct any false information.

Neue Vokabeln

anbieten	*to offer*
aufräumen	*to clean up*
leihen	*to loan*

Sabine und Lisa besuchen Julian. Es ist früh abends, und Julian hat gerade sein Abendessen fertig gegessen. Er bietet Sabine und Lisa eine Tasse Tee an. Lisa und Sabine haben noch nicht gegessen. Julians Zimmer ist sehr ordentlich, weil er es aufgeräumt hat. Er lernt Spanisch. Er hat eine Stereoanlage von seinem Bruder geliehen und einen Computer von seiner ehemaligen Freundin. Es wird bald Zeit, ihn ihr zurückzugeben. Alle Bücher im Regal gehören seinem Bruder. Sabine hat ihm zwei Bücher geliehen. Er findet die zwei Bücher und gibt sie ihr zurück. Sabine und Lisa müssen zur Uni. Sie warten nicht auf Julian.

Schreiben Sie

C. **Was hat Julian im Zimmer?** Write about Julian's room in this video segment. Use words and expressions from the video and from Chapter 6 of the textbook. In addition, use visual clues from the video for your description.

1. Julians Zimmer:

   Er hat _____

   Im Zimmer hat er _____

   In der Küche gibt es _____

   Im Bücherregal _____

2. Was hat Julian alles geliehen?

   Von seinem Bruder hat er _____

   Von seiner ehemaligen Freundin hat er _____

   Von einem guten Freund hat er _____

   Von Sabine hat er _____

·SZENE·SIEBEN·

In der Altstadt

In this video segment, Julian is showing Lisa around the University of Tübingen.

Aktives Zuhören

A. Ergänzen Sie: Diktat. Fill in the dialogue segments with the words you hear in the video.

Neue Vokabeln

Gebäude *building*   **Berg** *hill, mountain*

1. JULIAN: Das Gebäude mit _____

   Dächern ...

   LISA: Schön.

   JULIAN: ... das ist das _____.

2. JULIAN: Ja. Und die Gebäude da oben _____

   _____ Berg, das sind die Kliniken.

   LISA: Mit _____ Kränen.

3. JULIAN: Zum Beispiel. Hier, hm, _____ _____

   Altstadt, fährst du ja normalerweise mit _____

   _____.

4. JULIAN: Und dort, wo ich studiere, das ist _____ Brechtbau,

   _____ kannst du da drüben sehen. Das ist

   _____ Gebäude, _____ braune Gebäude,

   das _____ ...

5. JULIAN: Und wie hat es dir _____

   Bibliothek gefallen?

   LISA: Gut! Sehr schön da drin.

   JULIAN: Ja. Könntest du das bitte _____

   Tasche tun?

   LISA: Ja. Kein Problem.

   JULIAN: Gut. Wir werden jetzt _____ Brechtbau gehen.

241

6. JULIAN: Kannst du _____ nicht etwas darüber erzählen?

   SIA: Ja, klar, mach ich gern. Aber, am besten ich nehm _____

   morgen _____ _____

   Anatomievorlesung.

B. Falsche Informationen. Read the following summary of the video segment. Cross out and correct any false information.

Neue Vokabeln

Fakultäten	*departments*
Udo Lindenberg	*German rock singer*

Julian und Lisa sind in der Altstadt. Das Schloss heißt „Hohenzollern" und ist das Gebäude mit den grünen Dächern. Die Uni-Kliniken sind auf dem Berg, und daneben sind die Fakultäten für moderne Sprachen wie Romanistik, Germanistik und Slawistik. In der Altstadt fährt man normalerweise mit dem Bus. Julian studiert in dem Brechtbau – einem alten, grauen Gebäude, das Lisa schön findet. Die Bibliothek hat Lisa nicht gut gefallen. Sie schauen sich einen Jazzkeller an, dann gehen sie in eine Buchhandlung. Lisa kauft ihrem Vater ein Buch über München. Und Julian hat eine Biographie über Udo Lindenberg gekauft. Sie treffen Sia, die feste Freundin von Julian, auf der Straße. Sia wird Lisa nächste Woche zur Biologievorlesung mitnehmen.

Schreiben Sie

C. Beschreiben Sie die Uni. In this segment, Julian gives Lisa a tour of the university campus. Write about the campus of your university. Use words and expressions from the video and from Chapter 7 of the textbook.

1. Draw a map of your university and, if possible, show the following buildings:

   die Kliniken
   die Fakultät für Naturwissenschaften
   die Fakultät für Chemie
   die Fakultät für Physik
   die Fakultät für Mathematik
   die Fakultät für Medizin
   die Fakultät für moderne Sprachen (Romanistik, Germanistik, Slawistik)
   die Fakultät für ...
   die Bibliothek

2. Now describe the location of these buildings.

Die Fakultät für ... steht neben ...

Die Fakultät für ... steht zwischen ... und ...

Die Fakultät für ... steht vor ...

_____

_____

_____

_____

_____

_____

_____

_____

_____

_____

_____

_____

_____

·S·Z·E·N·E·A·C·H·T·

An der Uni

In this video segment, Lisa is visiting Sia's anatomy lecture.

Aktives Zuhören

A. Ergänzen Sie: Diktat. Fill in the dialogue segments with the words you hear in the video.

1. SIA: Es ist schon acht. Wir sollten _____ vielleicht ein bisschen

    beeilen.

    LISA: Ja, O.K., ich freue _____ drauf. Schön.

2. SIA: Da _____ ich sehr wahrscheinlich irgendwann einmal

    mit 'nem weißen Kittel mit den Ärzten Praktikum _____.

    LISA: Oh! Und, hm, wann _____ es _____?

    SIA: Nach dem Physikum.

3. LISA: Oh je. Ja, und was _____ du danach _____?

    SIA: Also, ich würde gern Kinderärztin _____. Weil ich habe

    _____ Geschwister, und ...

    LISA: Hm.

    SIA: ... wir verstehen _____ ziemlich gut, und ich kann gut mit

    _____ umgehen.

4. LISA: Hm. Es hört _____ gut an. Also, ich weiß noch nicht was ich

    _____ _____, ich bin noch unentschlossen.

    Ich möchte schon gern Medizin studieren, ...

    SIA: Hm.

    LISA: ... vor allen Dingen nachdem ich das alles gesehen habe jetzt hier, die

    Vorlesung und so, aber ... ich denke ich _____ erst mal mein

    _____ machen müssen, und ...

    SIA: _____ du _____. Bestimmt.

5. LISA: Und dann mach ich also entweder Medizin, oder ich _____

Biologie studieren, damit ich _____ für die Umwelt besser

engagieren kann.

B. Falsche Informationen. Read the following summary of the video segment. Cross out and correct any false information.

Lisa besucht Sias Biologievorlesung. Es ist 10 Uhr. Der Hörsaal ist nicht voll, weil

der Professor unbeliebt ist. Sia hat schon ein Praktikum gemacht. Ein Medizinstudium

dauert 14, 15 Semester, und danach gibt es ein Praktikum. Man hat vier Versuche,

die Klausur zu schaffen. Sia wird Frauenärztin werden, weil sie gut mit Frauen

umgehen kann. Lisa möchte gern Physik studieren. Sie hat das Abitur schon gemacht.

Es ist einfach, einen Studienplatz in Medizin zu bekommen. Lisa möchte sich für die

Umwelt engagieren.

Schreiben Sie

C. In der Zukunft. Write about the future plans of the people in the video segment and your own plans. Use words and expressions from the video and from Chapter 8 of the textbook.

1. Was wird Sia machen? Schreiben Sie fünf Sätze.

Praktikum machen
eine schwere Klausur
Kinderärztin

_____

_____

_____

_____

_____

2. Was wird Lisa machen? Schreiben Sie fünf Sätze.

ihr Abitur: _____

Medizin: _____

Biologie: _____

Biologin: _____

Medizinerin: _____

3. Was möchten Sie später werden? Warum?—Write ten sentences about what you will do next in your studies and after you finish your studies.

_____

_____

_____

_____

_____

_____

_____

_____

_____

_____

SZENE ACHT   Video Workbook   247

· S Z E N E · N E U N ·

Im Beruf

In this video segment, Lisa and Sabine visit Werner and Gudrun, Sabine's parents. They are talking about Werner and Gudrun's educational and work experience and about Sabine's upcoming job interview.

Aktives Zuhören

A. Ergänzen Sie: Diktat. Fill in the dialogue segments with the word endings that you hear in the video.

1. GUDRUN: Hast du ein____ schön____ Tag gehabt?

   LISA: Ja, sehr schön. Ich war mit Sia bei d____ Klinik____ und in ein____ Vorlesung, und sie ist unheimlich nett und sympathisch. Das hat sehr viel Spaß gemacht. Ein____ toll____ Frau ist das.

2. WERNER: Mach dir kein____ Sorge, das hat noch Zeit. Vielleicht könntest du in d____ Ferien in ein____ Krankenhaus arbeiten.

   LISA: Ja, das ist ein____ gut____ Idee.

   WERNER: Um zu erfahren, ob dir dies____ Arbeitsplatz gefällt.

   LISA: Hm.

   WERNER: Da bekommst du gleich ein____ gut____ Eindruck.

3. LISA: Ja. Sag mal, wie hast du denn das gemacht, als du Schauspieler wurdest?

   WERNER: Ja, das war kompliziert. Mein____ Eltern wollten, dass ich zuerst ein____ anständig____ Beruf lerne.

4. GUDRUN: Ja, ja, ich habe gerade mein Praktikum abgeschlossen gehabt, das habe ich an ein____ Schule für körperbehindert____ Kinder absolviert, und dann, ah, habe ich mein____ erst____ Anstellung an ein____ Schule für sprachbehindert____ Kinder und Jugendliche bekommen. Das war so ein Behindertenzentrum in der Nähe von Tübingen. Ich habe damals ein____ erst____ Klasse gehabt. Du, das hat mir unheimlich viel Spaß gemacht. Aber schwierig____ Kinder waren das. Mein____ Güte.

249

5. SABINE: Also, ich möchte lieber ein____ interessanter____ Beruf machen später. Also am liebsten im kulturell____ Bereich oder im journalistisch____ Bereich, ja, sodass ich viel____ Menschen kennen lerne und viel____ verschieden____ Kultur____, vielleicht schaffe ich's ja bis nach Brüssel ins Europaparlament, wer weiß das schon?

B. Falsche Informationen. Read the following summary of the video segment. Cross out and correct any false information.

Neue Vokabeln

Bereich	*area*
Umweltschutz	*environmental protection*

Sabine und Lisa reden von ihren Arbeitserlebnissen. Gudrun und Werner hören zu.

Werner hat zuerst die Schauspielschule gemacht und dann hat er eine kaufmännische Lehre gemacht. Sein erstes Theaterstück war in Hamburg. Gudrun hat zuerst in einer Schule für sprachbehinderte Kinder gearbeitet und dann in einer Schule für körperbehinderte Kinder. Das hat ihr keinen Spaß gemacht. Heute ist sie nicht mehr an dieser Schule. Sabine möchte nur im kulturellen Bereich arbeiten. Lisa interessiert sich für den Umweltschutz. Morgen hat Sabine ein Vorstellungsgespräch beim Postamt. Werner und Gudrun haben viele Vorschläge. Sabine soll heute Abend spät ins Bett und sie soll sich morgen gut anziehen. Sie soll den Leuten sagen, dass sie im Musikverein aktiv gewesen ist, dass sie Wanderfreizeiten organisiert und geleitet hat und dass sie die Stadt Tübingen sehr gut kennt. Die vier essen ein bisschen mehr, und dann gehen sie tanzen.

Schreiben Sie

C. Was haben sie gemacht? Was haben Sie gemacht? Write about Gudrun's and Werner's work experience and then about Sabine's and your own plans for the future. Use words and expressions from the video and from Chapter 9 of the textbook.

1. Was hat Gudrun im Leben schon gemacht? Schreiben Sie fünf Sätze. Beginnen Sie die Sätze mit **Sie ist ...** or **Sie hat ...** .

   1. _____

   2. _____

3. _____

4. _____

5. _____

2. Was hat Werner im Leben schon gemacht? Schreiben Sie fünf Sätze.

    1. _____

    2. _____

    3. _____

    4. _____

    5. _____

3. Was wird Sabine machen? Schreiben Sie fünf Sätze.

    1. _____

    2. _____

    3. _____

    4. _____

    5. _____

4. Was haben Sie in Ihrem Studium schon gemacht? Welche Kurse haben Sie gehabt? Wo haben Sie gewohnt? usw.

_____

_____

_____

_____

_____

· S Z E N E · Z E H N ·

Beim Vorstellungsgespräch

In this video segment, Sabine interviews for a job at the local tourist information office.

Aktives Zuhören

A. Ergänzen Sie: Diktat. Fill in the dialogue segments with the words you hear in the video.

SABINE:

1. Außerdem _____ ich gerne andere Menschen

   _____ aus möglichst vielen verschiedenen Ländern.

2. Ich _____ einerseits° mit meinen Eltern unterwegs   *on the one hand*

   _____, wir _____ auf den

   vornehmen Hotels _____, _____

   dort _____, _____ uns die

   _____ angeguckt, also viele Städtetouren

   _____.

3. Andererseits° war ich mit vielen _____   *on the other hand*

   unterwegs, _____ so genannte Rucksacktouren

   _____.

4. Ich _____ in einem _____ gearbeitet

   und _____ mich dadurch auch viel mit anderen Kulturen

   _____.

5. Habe _____ andere Bräuche und Sitten

   zu respektieren und auch zu _____.

B. Falsche Informationen. Read the following summary of the video segment. Cross out and correct any false information.

Neue Vokabeln

vornehm	*elegant*
der Aufenthalt	*stay*
benötigen	*to make use of*

Sabine ist nervös beim Vorstellungsgespräch. Sie interessiert sich für die Arbeit, weil sie gern reist und gern andere Leute kennen lernt. Sie ist mit den Eltern viel gereist, aber nicht mit den Freunden. Sie hat in billigen Hotels übernachtet und nie in Jugendherbergen. Sie war schon in Spanien und hat in Portugal gewohnt. Dort hat sie in einem Hotel gearbeitet. Sie hat Fremdsprachenkenntnisse. Sie spricht fließend Spanisch und Französisch und auch Portugiesisch durch den Aufenthalt in Portugal. Beim Fremdenverkehrsamt wird Sabine ihre Fremdsprachenkenntnisse immer benötigen. Dort gibt es nicht viel Büroarbeit. Das Amt hat viel Betrieb im Sommer, auch im Winter. Der Interviewer wird jetzt die Mitarbeiter vorstellen und wird sich in zwei Wochen bei Sabine wieder melden.

Schreiben Sie

C. Was machte Sabine? After you complete the **Ergänzen Sie** activity above, write the interviewer's report about Sabine's experience with tourism, using the narrative past.

Schreiben Sie jeden Satz aus **Ergänzen Sie** (Übung A) im Präteritum in der dritten Person. Achten Sie auch auf die Form der Reflexivpronomen.

■ 1. Außerdem lerne ich gerne andere Menschen kennen aus möglichst vielen verschiedenen Ländern.
Außerdem lernte sie gerne andere Menschen kennen aus möglichst vielen verschiedenen Ländern.

2. _____

_____

3. _____

_____

4. _____

_____

5. _____

·SZENE·ELF·

Ich würde gern ...

In this video segment, Sabine is talking to Lisa about what her job at the tourist information office would involve. The two cousins also talk about what they would do if they had the time and the money.

Aktives Zuhören

A. Falsche Informationen. Read the following summary of the video segment. Cross out and correct any false information.

Sabine und Lisa gehen am Fluss spazieren. Sabine ist gerade von dem Vorstellungs-

gespräch gekommen. Sie war sehr ruhig. Die Arbeit würde ihr viel Spaß machen. Sie

würde Kontakt mit vielen verschiedenen Menschen haben. Diese Leute würden aus

dem deutschsprachigen Raum kommen. Sabine würde am liebsten hier in Tübingen

bleiben, und Lisa würde gern viele verschiedene Länder besuchen. Sabine erzählt

von der Geschichte Tübingens. Tübingen wurde vor 500 Jahren gegründet. Im

zwölften Jahrhundert wurde eine Burg errichtet°. Die Uni wurde 1417 gegründet   *erected, buil*

und 15 Jahre später das Evangelische Stift. Viele berühmte Menschen haben in

Tübingen studiert. Später reden die zwei Kusinen von ihren Zukunftswünschen.

Sabine würde gern nach Italien fahren und Lisa nach Schweden.

B. Was ist die richtige Reihenfolge? Look at the dialogue segments below. Number them in the order in which you hear them in the video.

_____ ... würde ich am liebsten nach Australien fahren.

_____ Ich würde viele verschiedene Länder bereisen, viele Kulturen kennen lernen.

___1___ Und die Arbeit, die würde mir echt Spaß machen.

_____ ... wäre ich lieber wieder selber Touristin.

_____ ... ich käme in Kontakt mit vielen verschiedenen Menschen aus vielen verschiedenen Ländern.

_____ Ich würde mir Sydney angucken.

_____ Ich würde ihnen halt Tübingen zeigen, und ich würde halt den Tourismus aus einer ganz anderen Perspektive kennen lernen.

_____ Ich würde am liebsten nach Norwegen fahren.

Schreiben Sie

C. Sabines Wünsche. Sabine's wish to visit Australia has come true. She is now in Sydney, Australia. She is keeping a travel journal of her experiences. Write five things that she wrote in her journal. Describe what she did on five different days. Write in the narrative past.

■ _Ich flog nach Australien._ _____

1. _____

2. _____

3. _____

4. _____

5. _____

·SZENE·ZWÖLF·

Und was sind die Aussichten?

In this video segment, Sabine, Lisa, and Julian are enjoying a last conversation before Lisa returns to Hamburg.

Aktives Zuhören

A. Wiederholung von Verben. Underline the verb(s) in each dialogue segment. In the blank, write the tense or mood of the verbs: present tense, conversational past, narrative past, imperative, subjunctive, future, or infinitive.

Dialogue Segment	Verb Tense / Form
1. LISA: Ich fand es auch so nett von dir, dass du mich so ausführlich herumgeführt hast.	_____
2. LISA: Sagt Sia nochmals vielen Dank, wenn ihr sie seht.	_____
3. LISA: Ich hab mir was überlegt.	_____
4. LISA: Wenn ich fertig bin mit meinem Studium, dann könnte ich in die neuen Bundesländer gehen . . .	_____
5. LISA: Das wär doch wunderbar.	_____
6. JULIAN: Also, das hört sich interessant an.	_____
7. JULIAN: Weißt du, was ich gut finden würde, wenn wir Umwelttechnik schaffen könnten, ohne auf den Fortschritt zu verzichten.	_____

8. JULIAN: Ich möchte zum
Beispiel nach London gehen
und dort im Filmgeschäft arbeiten.

_____

9. LISA: ... Aber man wird
dann den, den Euro haben?

_____

_____

10. LISA: Kommt ihr doch mal nach
Hamburg. Ihr seid herzlich
eingeladen.¹

_____

_____

11. JULIAN: Das werden wir tun.

_____

12. SABINE: Es wird Zeit.
Der Zug fährt bald, wir
müssen zum Bahnhof.

_____

_____

13. LISA: Ja, und lass uns zahlen.

_____

B. **Falsche Informationen.** Read the following summary of the video segment. Cross out and correct any false information.

Lisa und Sabine trinken Kaffee mit Sia und Julian. Julian und Lisa fahren bald nach

Hamburg. Lisa wird nicht wiederkommen. Sie wird in Hamburg das Abitur machen

und dann in Hannover Medizin studieren. Sie möchte Kinderärztin werden, aber

sie interessiert sich nicht für die Forschung. Lisa würde gern nach London fahren

und in einer Klinik arbeiten. In der Europäischen Union kann man einfacher reisen

und im Ausland arbeiten. Julian würde gern nach Dresden gehen. Und Sabine wird

vielleicht im Europäischen Parlament Karriere machen. Lisa lädt Sabine und Julian

nach Hamburg ein. Dann zahlen sie, weil sie zum Flughafen müssen.

Schreiben Sie

C. **Woran erinnern Sie sich?** What do you remember about Sabine and Lisa? Complete the sentences with information from this segment and from earlier segments. Use words and expressions from the video and the textbook. In addition, use visual clues from the video.

¹ **eingeladen** = participle used as an adjective

1. What do you remember about Lisa?

   a. Lisa ist _____ .

   b. Lisa hat _____ .

   c. Lisas Vater ist _____ .

   d. Lisa wohnt _____ .

   e. Lisa besucht _____ .

   f. Lisa möchte _____ .

   g. Lisa wird _____ .

   h. Lisa war _____ .

   i. Lisa hatte _____ .

   j. Lisa ist _____ (Perfekt).

   k. Lisa hat _____ (Perfekt).

   l. Lisa würde _____ .

   m. Lisa wurde _____ .

2. What do you remember about Sabine?

   a. Sabine ist _____ .

   b. Sabine hat _____ .

   c. Sabines Vater ist _____ .

   d. Sabine wohnt _____ .

   e. Sabine besucht _____ .

   f. Sabine möchte _____ .

   g. Sabine wird _____ .

   h. Sabine war _____ .

   i. Sabine hatte _____ .

   j. Sabine ist _____ (Perfekt).

   k. Sabine hat _____ (Perfekt).

   l. Sabine würde _____ .

   m. Sabine wurde _____ .

Permissions and Credits

The authors and editors of the *Vorsprung* **Arbeitsbuch** would like to thank the following for their generous permission to use copyrighted material.

p. 11: *New Yorker Staats-Zeitung,* June 6–12, 1992, for "Wir sprechen Deutsch."

p. 30: courtesy Verkehrsverein Karlsruhe e.V. and Freiburg Wirtschaft und Touristik GmbH.

p. 35: (left) Direktion Schilthornbahn, Interlaken; (right) Offizielles Verkehrsbüro der Stadt Bern.

p. 46: courtesy Zimmers Fahrschule, Ahrensburg.

p. 55: © TV-Klar.

pp. 58–59: *Szene Hamburg,* Nr. 6/Juni 1993, pp. 28–34, for "Schöne Ferien: In der Hitze der Stadt."

p. 63: courtesy Olry/Maisons Marli, Place de l'Europe, Vogelsheim.

p. 69: *Hamburger Unizeitung,* 15. April 1993, for "multikuturell" by Tito Philaneuva.

p. 76: Interessengemeinschaft Hamburger City in Zusammenarbeit mit der Tourismus-Zentrale Hamburg GmbH.

p. 78: Stadt Freiburg, *Official Freiburg Guide.*

p. 81: Bertelsmann Club GmbH, Rheda-Wiedenbrück, for "Die Chronik des Zweiten Weltkriegs" and "Der verdammte Krieg: Das Ende" in Bertelsmann Club catalogue, pp. 48–49.

p. 89: courtesy Spiegel Verlag, for *Spiegel-Spezial,* 3/93: "Welche Uni ist die beste?"

p. 93: Zentrale Studienberatung, Eberhard-Karls-Universität Tübingen, for "Kleines Uni-Vokabular," pp. 25–26, in: *Informationen zur Beratung von Studierenden,* WS 1994/1995.

p. 104: Institut für Mineralogie, Petrologie und Geochemie, Universität Freiburg.

p. 105: Datamap GmbH, Freiburg.

p. 115: Martin Vogel, Kur- und Verkehrsverein Braunwald, Switzerland, for "Sommertraum" in: *Das Märchenhotel Bellevue.*

p. 125: Berlin Tourismus Marketing GmbH, for "Am Prenzlauer Berg," p. 116, in: *Berlin für Junge Leute,* © 1993.

p. 135: Wiener Tourismusverband, for "An der schönen, blauen Donau" in: *Wien* (Bestell-Nr. 001697).

p. 220: Photo © Bettmann Archive.

p. 221: Insel Verlag, Frankfurt am Main, for "Herbsttag" in *Rainer Maria Rilke, Sämtliche Werke,* hrsg. vom Rilke-Archiv in Verbindung mit Ruth Sieber-Rilke. Besorgt durch Ernst Zinn, Band 1, Wiesbaden: Insel Verlag, 1955. Mit freundlicher Genehmigung des Insel Verlags.

The authors and editors also thank the following publishers for their generous permission to use the following works in the recording program for *Vorsprung.*

Kapitel 8: Spiegel Verlag, Hamburg, for *Spiegel-Spezial,* 3/93: "Welche Uni ist die beste?"

Kapitel 11: Schöffling & Co., Frankfurt am Main, for Helga M. Novak, *Die Eisheiligen,* © Schöffling & Co. Verlagsbuchhandlung, Frankfurt am Main.